TABLE PERPÉTUELLE

DES

TEXTES LÉGISLATIFS

PAR

E. LEFRANÇOIS

Docteur en droit
Avocat à la Cour d'Appel de Grenoble

I0040042

Publication trimestrielle de mise au courant paraissant
en janvier, avril, juillet et octobre.

PAR

E. SCHAFFHAUSER

Avocat, Docteur en droit
Directeur des « Lois Nouvelles »

Avec la Collaboration de **H. CHEVRESSON**, Avocat à la cour d'Appel de Paris

---

VIENT DE PARAITRE

LA TABLE GÉNÉRALE

DES TEXTES LÉGISLATIFS

Contenant dans un ordre alphabétique et chronologique
La nomenclature des principaux textes (Lois, Ordonnances, Décrets, Circulaires, Instructions,
Arrêtés, etc.), en vigueur de 1789 au 1er janvier 1880.

PAR

Emile SCHAFFHAUSER	Henri CHEVRESSON
Docteur en Droit,	Avocat à la Cour de Paris,
Directeur des *Lois nouvelles*,	Secrétaire de la rédaction des *Lois nouvelles*,
et du *Moniteur des Huissiers*.	et du *Moniteur des Huissiers*.

Un volume relié. — Prix : QUINZE francs.

La **TABLE DE LÉGISLATION 1789 à 1880**, comprend la nomenclature de tous les textes encore en vigueur promulgués pendant cette période, avec références au **Bulletin Officiel**, au **Journal officiel**, au **Dalloz** et au **Sirey**. Cette table, conçue sur le même plan que la **Table perpétuelle**, mais établie dans la forme des volumes ordinaires, est le complément indispensable de la **Table perpétuelle**.

Le service de fiches de juillet 1904 comprend la législation depuis avril 1904, il s'arrête au n° des *Lois nouvelles* du 1er juillet 1904 inclus et aux cahiers (*inclus*) du Sirey n° 5 de 1904, du Dalloz n° 8 de 1904, des Pandectes françaises n° 5 de 1904 et au 1er semestre 1904 de la Gazette du Palais.

Voir à la troisième page de la couverture la liste des fiches envoyées.

PARIS

AUX BUREAUX DES LOIS NOUVELLES
31 *bis*, Rue du Faubourg-Montmartre, 31 *bis*.

1904

LA TABLE GÉNÉRALE

DES TEXTES LÉGISLATIFS

DE 1789 AU 1er JANVIER 1880

Un volume relié. — Prix : QUINZE francs.

La **Table Générale des Textes Législatifs**, depuis 1789 jusqu'à 1880, que nous avons entreprise et que nous publions aujourd'hui, à la demande d'un grand nombre de nos abonnés et lecteurs, n'est autre, avec les modifications de forme et de dispositif qu'a paru nécessiter la matière, que le complément et comme le corollaire obligé de la **Table Perpétuelle**, déjà éditée et dont le succès, qui va s'affirmant tous les jours, nous crée de nouveaux devoirs et nous encourage à continuer nos travaux. C'est, pour donner en un mot le plan général de l'ouvrage, le tableau d'ensemble, dans leur ordre alphabétique, de toutes les matières du droit régies par nos Codes ou ayant fait l'objet d'une disposition législative encore en vigueur, ces dernières rangées d'après l'ordre chronologique de leur promulgation, étant observé que sous chaque matière se trouve étudié et compris, non pas ce qu'on peut appeler la législation *positive* seulement, mais encore l'ensemble des textes qui, sous des rubriques diverses, s'y rapportent comme ayant plus ou moins directement modifié ou complété la législation organique.

Chaque mot suffisamment important de la table est accompagné d'un **sommaire alphabétique des matières**, avec numérotage permettant, sur chaque point, grâce à un numéro correspondant, de se reporter immédiatement et directement à la législation spéciale dans l'ordre d'idées envisagé. Viennent ensuite, d'abord les articles divers des Codes, puis, dans leur ordre chronologique, les textes législatifs, par quoi il faut entendre, non pas le titre seul, mais l'analyse aussi synthétique que possible de chaque texte. Sans doute, en ce qui concerne le droit intermédiaire, l'ordre chronologique annoncé subit il par là quelque atteinte ; mais cette irrégularité de pure forme n'a pas paru suffisamment grave pour contrebalancer et infirmer les avantages que le lecteur recueillera, par ailleurs, du fait d'un dispositif unique, une fois adopté, et d'une incontestable clarté.

Les références, dans chaque texte, sont données d'après les sources et publications ci-après :

1° **Bulletin des Lois** (*Bull.* ou *Bull. off.*), créé par la loi du 4 décembre 1793 (14 frimaire an XI), avec indication des séries et bulletins et du numéro du texte dans le bulletin ; ou bien *Journal officiel* (*J. off.*), à partir du 5 novembre 1870, date du décret qui a investi cet organe de la promulgation officielle des lois ;

2° **Recueil périodique de Dalloz** (D. P.), à partir de 1830 tout au moins, où a commencé, dans ce recueil, la reproduction méthodique des textes. Chaque référence comporte trois chiffres, dont le premier, comme on sait, indique l'année, le 2° la partie et le 3° la page ;

3° **Recueil général des Lois et Arrêts** de Sirey (S.), ayant leur pagination identique soit dans la collection Devilleneuve et Carette, soit dans le Sirey lui-même (Lois annotées), les deux chiffres marquant, le 1er l'année, le 2° la page.

Enfin, pour suppléer à des omissions inévitables et pour faciliter les recherches, on a fait encore figurer quelques références accessoires, renvoyant aux ouvrages les plus répandus, comme la *Collection des Lois*, de Duvergier (édition 1834), les *Lois Usuelles*, de Rivière, et les *Codes et Lois*, de M. A. Carpentier. Chaque rubrique, soigneusement revisée et collationnée, est enfin enrichie de renvois à d'autres mots de la table susceptible de la compléter, et suivie, en tant que de besoin, de références à la législation postérieure à 1880, objet propre de la **Table Perpétuelle**, à laquelle elle se trouve ainsi reliée afin de permettre d'embrasser, sur n'importe quelle question, avec un minimum de recherches, l'ensemble de la législation existante.

ABATTOIRS

D. 27 mars 1894.

D. P. 1895-4-120. — S. 1895-961. — P. F. 1895-3-61.
Relatif à l'ouverture d'abattoirs publics.

L. fin. 30 mars 1902.

L. N. 1902-3-130. — D. P. 1902-4-60. — S. 1902-415. — P. F. 1902-3-70. — *J. off.* du 30. — V. Commentaire *Lois nouv.* 1902-1-229.

Art. 82: Les indemnités prévues par la L. fin. 30 mai 1899 seront allouées au propriétaire de tout animal saisi ds. un abattoir public, pour cause de tuberculose, par le vétérinaire inspecteur.

L. fin. 30 décembre 1903.

L. N. 1904-3-1. — D. P. 1904-4-9. — P. F. 1904-3-17. — *J. off.* du 31 déc. 1903. — V. Commentaire *Lois nouv.* 1904-1-1.

Art. 26: Animaux tuberculeux ; saisie et abatage ; abattoirs publics ou privés ; indemnité (extension de l').

Note janvier-février 1902.

L. N. 1902-3-199.
Echelles du Levant ; applicat. de la L. 29 novembre 1901.

D. 8 février 1902.

P. F. 1902-3-62. — *J. off.* du 14.
Modif. le D. 20 déc. 1890 (comptabilité des chancelleries diplomatiq. et consul.).

D. 10 juillet 1902.

L. N. 1902-3-269. — P. F. 1902-3-173. — *J. off.* du 14.
Conditions d'admission ds. les carrières diplomatiq. et consul.

L. 21 juin 1903.

L. N. 1903-3-211. — D. P. 1903-4-68. — S. 1904-684. — P. F. 1904-3-46. — G. P. 1903-2-1. — *J. off.* du 23 juin. — V. Commentaire *Lois nouv.* 1903-1-705.
Complétant l'art. 55 C. civ. en ce qui concerne les déclarations de naissance faites en pays étranger par les Français devant les agents diplomatiq. ou les consuls.

L. 2 décembre 1903.

L. N. 1904-3-24. — D. P. 1904-4-6. — P. F. 1904-3-32. — *J. off.* du 6 décembre.
Rel. à l'extension des privil. et immunités diplomatiq. aux membres d'un tribunal d'arbitrage (conflits internationaux).

AGRICULTURE 3

V. aussi : Mérite agricole. — Warrants.

D. 27 août 1902.

L. N. 1902-3-347. — *J. off.* du 4 septembre.
Rel. à l'organisation des enquêtes agricoles.

D. 27 janvier 1903.

L. N. 1903-3-42. — *J. off.* du 30 janvier.
Portant transformat. du service de l'hydraulique agricole en direction de l'hydraulique et des améliorations agricoles, et fixant les attributions de cette direction.

Arr. 21 février 1903.
D. 5 avril 1903.

L. N. 1903-3-154. — P. F. 1903-3-68. — *J. off.* du 11 avril.
Relatif à la constitution et au recrutement du corps des agents des améliorations agricoles, et arrêtés nommant trois inspecteurs des améliorations agricoles, organisant la commission de l'hydraulique et des améliorations agricoles.

D. 30 juin 1903.

L. N. 1903-3-214. — P. F. 1903-3-140. — *J. off.* du 3 juillet 1903.
Portant approbat. de la convention pr. la protection des oiseaux utiles à l'agriculture, signée à Paris, le 19 mars 1902, entre la France, l'Allemagne, l'Autriche, la Hongrie, la Belgique, l'Espagne, la Grèce, etc.

Arr. 22 juillet 1903.

L. N. 1903-3-344. — *J. off.* du 31 juillet.
Fixant les conditions ds. lesquelles les professeurs départementaux et spéciaux d'agric. doiv. prêter leur concours à la direction de l'hydrauliq. et des améliorat. agricoles.

L. 4 août 1903.

L. N. 1903-3-341. — D. P. 1903-4-79. — P. F. 1903-3-143. — G. P. 1903-2-2. — *J. off.* du 7 août.
Réglementant le commerce des produits cupriques anti-cryptogamiques.

A. 18 janvier 1904.

P. F. 1904-3-43. — *J. off.* du 20 janvier.
Rel. à la suppress. des concours régionaux et à l'organisat. de concours nationaux agricoles.

AGRICULTURE 4

V. aussi : Mérite agricole. — Warrants.

——

D. 19 janvier 1904 (2 textes).

P. F. 1904-3-41 et 42. — *J. off*. du 20 janvier.

1° Réglem. pr. l'organisat. et le fonctionnem. des écoles pratiq. d'agric.

2° Admett. les inspecteurs généraux du min. de l'agric. à faire partie comme membres de droit, du conseil supér. de l'agric.

C. 12 février 1904.

P. F. 1904-3-43. — *J. off*. du 13 février.

Du min. agric., rel. au cours d'instruct. morale et civiq. ds. les écoles pratiq. d'agriculture.

L. 31 mars 1904.

L. N. 1904-3-70. — *J. off*. du 1er avril 1904.

Accordant des encouragem. à la culture du lin et du chanvre.

———

L. 30 décembre 1903.
D. 30 décembre 1903.

L. N. 1904-3-13 et 15. — D. P. 1904-4-17 et 18. — *J. off.* du 31 déc. 1903.

1" Autoris. la percept. des droits, produits et revenus applicab. au budget spécial de l'Algérie pr. l'exercice 1904.

2° Régl. le budget spécial de l'Algérie pr. 1904.

D. 30 décembre 1903 (2 textes).

L. N. 1904-3-16. — D. P. 1904-4-18 et 19. — P. F. 1904-3-20. — *J. off.* du 31 déc. 1903.

1° Réglem. d'admin. pub. pr. l'exécut. de l'art. 6, L. 24 déc. 1902, rel. à l'organisat. des territoires du sud de l'Algérie.

2° Régl. le budget des territ. du sud de l'Algérie pr. l'exercice 1904.

L. 4 mars 1904.

L. N. 1904-3-57. — *J. off.* du 6 mars.

Concern. l'échange entre la France et l'Algérie des titres de mouvement pr. le transport des spiritueux.

D. 16 mars 1904.

L. N. 1904-3-72. — *J. off.* du 20 mars.

Détermin. les condit. auxquelles est soumise, en Algérie, la délivrance de l'acquit blanc créé par l'art. 23, L. 31 mars 1903.

D. 29 mars 1904.

L. N. 1904-3-113. — *J. off.* du 5 juin 1904.

Rendant exécutoire en Algérie le décret modif. la nomenclature des établissem. dangereux (27 nov. 1903).

L. 31 mars 1904.

L. N. 1904-3-70. — P. F. 1904-3-63. — G. P. 1904.1.782. — *J. off.* du 2 avril. — V. Commentaire *Lois nouv.* 1904-1-357.

Modif. la L. 27 mai 1885 sur les récidivistes. — Art. 2 § 2: Pouvoirs des tribun. instit. en Algérie par le D. 9 août 1903.

D. 21 avril 1904.

L. N. 1904-3-84. — *J. off.* du 29 avril.

Appliq. à l'Algérie le D. 29 sept. 1903, réglementant la fabricat., l'emmagasinage et la vente des huiles de pétrole, de schiste, essences et autres hydro-carbures.

D. 5 mai 1904.

L. N. 1904-3-87. — *J. off.* du 10 mai.
Rel. à l'épreuve de langue arabe aux examens de baccalauréat de l'enseignem. secondaire ds. l'académie d'Alger ; instruction annexée.

D. 7 mai 1904.

L. N. 1904-3-88. — *J. off.* du 11 mai.
Autoris. la Banque de l'Algérie à créer des établissem, et à émettre des billets payab. au porteur et à vue ds. la régence de Tunis.

D. 22 mai 1904.

L. N. 1904-3-113. — *J. off.* du 9 juin.
Rend. applicab. en Algérie les disposit. du D. 2 mars 1848 et de l'arrêté du 21 mars 1848 sur le marchandage.

L. 27 décembre 1900.

L. N. 1901-3-9. — D. P. 1901-4-9. — S. 1901-17. — P. F. 1901-3-129.
— G. P. 1901-1-1. — *J. off.* du 28. — V. Commentaire *Lois nouv.*
1901-1-1.
Relative à l'amnistie.

C. 26-27 décembre 1900.

L. N. 1901-3-7 et 1901-1-7. — *J. off.* du 27.
Du ministre de la marine, relative aux mesures à prendre à l'égard
des déserteurs et insoumis en exécution de la loi.

C. 31 décembre 1900.

L. N. 1901-1-119.
Du ministre des finances, sur l'application du texte ci-dessus.

Instr. 7 janvier 1901.

L. N. 1901-1-53 et 1901-3-26.
Du min. guerre, même objet.

C. 7 janvier 1901.

L. N. 1901-3-85.
Applic. de la loi ; paiement des droits et frais ; dispos. inapplic. au
cas où il n'existe pas de condamn. passée en force de chose jugée.

C. 29 janvier 1901.

L. N. 1901-1-55. — P. F. 1902-3-6. — *J. off.* du 31.
Du ministre de la marine ; applic. de la loi.

C. 22 mars 1901.

L. N. 1901-3-121.
Applic. de l'art. 1er, nos 6 et 7, et art. 2, n° 1. — Condamnation pron.
postérieurement à la promulgation de la loi pour des faits antérieurs
au 15 décembre 1900.

L. 30 décembre 1903.

L. N. 1904-3-11. — D. P. 1904-4-7. — P. F. 1904-3-21. — *J. off.*
du 31 déc. 1903. — V. Commentaire *Lois nouv.* 1904-1-19.
Rel. à l'amnistie pr. faits de grève et faits connexes.

L. 1er avril 1904.

L. N. 1904-3-70. — P. F. 1904-3-63. — G. P. 1904-1-782. — *J. off.*
du 2 avril. — V. Commentaire *Lois nouv.* 1904-1-224.
Rel. à l'amnistie.

C. 5 avril 1904.

L. N. 1904-3-76. — *J. off.* du 8 avril.
Fix. les mesures à prendre à l'égard des marins déserteurs ou inscumis ay. droit au bénéfice de l'amnistie.

C. 12 avril 1904.

L. N. 1904-3-77. — *J. off.* du 15 avril.
Notifiant la loi d'amnistie du 1er avril 1904 en ce qui concerne les marins du commerce.

D. 11 septembre 1903.

P.F. 1903-3-173. — *J. off.* du 16.
Modif. l'art. 13, D. 20 mai 1901, rel. à l'organisat. du corps des offic.
d'administrat. du service d'état-major.

D. 19 février 1904.

P. F. 1904-3-50. — *J. off.* du 24 février.
Rel. à la rétrogradat. et à la cassat. des gradés ds. certains corps
indigènes.

D. 1er mars 1904.

P. F. 1904-3-53. — *J. off.* du 4 mars.
Rel. à l'applicat. de la L. 9 juillet 1900 (troupes coloniales).

L. 15 avril 1904.

L. N. 1904-3-80. — *J. off.* du 17 avril.
Portant augmentat. du nombre des médecins inspecteurs généraux
de l'armée, arrêté par la L. 21 avril 1900.

C. 5 octobre 1903.

L. N. 1903-3-370. — S. 1903-617. — G. P. 1903-2-9. — *J. off.* du 20 octobre 1903.
Rel. à l'applicat. du D. 15 août 1903, ci-dessus (V. Frais de justice).

C. 1ᵉʳ décembre 1903.

L. N. 1904-3-59.
Ventes judic. d'immeub. dont le prix n'excède pas 2.000 francs ; vérificat. des frais ; modificat. apportées au tarif des avo ués.

D. 14 juin 1904.

L. N. 1904-3-114. — G. P. 1904-1-784. — *J. off.* du 15 juin.
Concern. le tarif des frais et dépens devant les tribun. de première instance et les Cours d'appel (abrog. le D. 15 août 1903).

L. 16 novembre 1903.

L. N. 1903-3–421. — D. P. 1903-4-80. — S. 1904.689. — P. F. 1904-3-1. — G. P. 1903.2.17. —*J. off.* du 17. — V. Commentaire *Lois nouv·* 1903-1-753.

Modif. la L. 9 juillet 1902, rel. aux actions de priorité.

L. 30 décembre 1903.

L. N. 1904-3-11. — D. P. 1904-4-1. — S. 1904-697. — P. F. 1904-3-49. — G. P. 1904-1-780. — *J. off.* du 31 déc. 1903. — V. Commentaire *Lois nouv.* 1904-1-233.

Rel. à la réhabilitation des faillis (modif. les art. 604-612 C. comm.),

L. 28 mars 1904.

L. N. 1904-3·69. — P. F. 1904·3-63. — G. P. 1904-1-782. — *J. off.* du 30 mars. — V. Commentaire *Lois nouv.* 1904-1-318.

Décid. que les effets de commerce échus un dimanche ou un jour férié légal ne seront pay. que le lendemain (modif. 134 C. comm.).

D. 29 décembre 1903 (2 textes).

P. F. 1904-3-56 et 60. — *J. off.* du 24 janvier 1904.
1° Organisat. du conseil de gouvernem. et des conseils d'adminis-
trat. du Congo franç. et dépendances.
2° Portant réorganisat. du Congo franç. et dépendances.

L. fin. 30 décembre 1903.

L. N. 1904-3-1. — D. P. 1904-4-9. — P. F. 1904-3-17. — *J. off.*
du 31 déc. 1903. — V. Commentaire *Lois nouv.* 1904-1-1.
Art. 23 : Les frais des missions mobiles de l'inspection des col.
seront à la charge des budgets locaux.

D. 31 décembre 1903.

P. F. 1904-3-20. — *J. off.* du 7 janv. 1904.
Fix. les droits de sortie sur les objets exportés par la région du
Congo franç., et modif. le tableau annexé au D. 29 nov. 1892, appli-
quant le tarif douanier métropolitain au Gabon.

D. 9 janvier 1904.

P. F. 1904-3-20. — *J. off.* du 13 janvier.
Modif. le D. 22 février 1902, rel. au concours d'admiss. et à l'organisat. de l'enseigmen. à l'école coloniale.

D. 15 janvier 1904.

L. N. 1904-3-51. — *J. off.* du 23 janvier.
Port. promulgat. ds. toutes les col. autres que la Martinique, la
Guadeloupe, La Réunion et l'Indo-Chine de la L. 6 avril 1897, modi-
fiant l'art. 174 C. instr. crim.

D. 4 février 1904 (2 textes).

S. 1904-693 et 695. — P. F. 1904-3-36 et 38. — *J. off.* du 10 février.
1° Portant réorganisat. du service de la justice ds. la col. de la
côte franç. des Somalis.
2° Fix. le traitem., la parité d'office et le costume du personnel de
la justice ds. ladite colonie.

L. 18 février 1904.

L. N. 1904-3-56. — *J. off.* du 21 février.
Attrib. la personnalité civile à l'Office Colonial.

D. 27 février 1904.

P. F. 1904-3-64. — *J. off.* du 2 mars.
Portant réglem. de la pêche ds. le fleuve du Sénégal.

D. 9 mars 1904.

P. F. 1904-3-55. — *J. off.* du 13 mars.
Modif. le D. 1ᵉʳ déc. 1902 (réorganisat. de l'assessorat ds. les établissem. franç. de l'Océanie.

D. 16 avril 1904.

L. N. 1904-3-81. — *J. off.* du 23 avril.
Rendant applicab. aux col. la L. 29 mars 1904, rel. à la détention d'appareils susceptib. d'être employ. ds. la fabrication des monnaies.

D. 2 mai 1904.

L. N. 1904-3-86. — *J. off.* du 11 mai.
Exonérant des droits de douane et d'octroi de mer la gazoline et le pétrole (établissements français de l'Océanie).

D. 2 mai 1904.

L. N. 1904-3-86. — *J. off.* du 8 mai.
Fix. le traitem. et la parité d'office des magistrats et greffiers de la cour d'appel et des tribunaux à la Nouvelle-Calédonie.

D. 6 mai 1904 (2 textes).

L. N. 1904-3-91. — *J. off.* du 14 mai.
Modif. la composit. : 1° du conseil de gouvernem. de l'Afriq. occidentale française ;
2° du conseil privé de la colonie du Sénégal.

D. 8 mai 1904.

L. N. 1904-3-94. — *J. off.* du 27 mai.
Portant modificat. au tarif des douanes à La Réunion.

D. 15 mai 1904.

L. N. 1904-3-83. — *J. off.* du 19 mai.
Portant modificat. au tarif de sortie sur les bois en Indo-Chine.

D. 20 mai 1904.

L. N. 1904-3-95. — *J. off.* du 27 mai.
Modif. l'organisat. du Conseil supérieur des colonies.

COMMUNE 3

L. 2 mars 1902.

L. N. 1902-3-111. — D. P. 1902-4-87. — S. 1904-670. — *J. off.* du 5. Autor. des emprunts en dehors des formalités d'usage, pour les communes des départ. éprouvés par la crise viticole.

L. fin. 30 mars 1902.

L. N. 1902-3-130. — D. P. 1902-4-60. — S. 1902-415. — P. F. 1902-3-70. — *J. off.* du 30. — V. Commentaire *Lois nouv.* 1902-1-229.

Art. 3 et suiv. : Série de disposit. rel. aux communes dont le contingent a été augmenté du fait de l'art. 3, L. 10 juillet 1901.

Art. 58 : Les disp. de la L. 12 nov. 1808 sont applic. aux taxes communales assimilées aux contrib. dir. ; le privilège prendra rang après celui du Trésor public.

L. 7 avril 1902.

L. N. 1902-3-174. — D. P. 1902-4-101. — S. 1902-332. — P. F. 1902-3-72. — G. P. 1902-1-862. — *J. off.* du 9.

Abrog. les §§ 15 et 16 de l'art. 133, et modif. les art. 141, 142 et 143, L. 5 avril 1884 sur l'org. municipale (budget des communes).

L. fin. 31 mars 1903.

L. N. 1903-3-111. — D. P. 1903-4-17. — S. 1903-570. — P. F. 1903-3-52. — *J. off.* du 31 mars. — V. Commentaire *Lois nouv.* 1903-1-163.

Art. 59 : Les établissem. communaux de bienfaisance n'ont droit à un receveur spécial qu'autant que le chiffre de leurs revenus soit seuls, soit cumulés avec d'autres, excède 60,000 francs. (V. L. 25 février 1901).

C. 30 mai 1903.

L. N. 1904-3-68 et 96.

Du min. int. — Applicat. de la L. 15 février 1902, rel. à la protection de la santé publique ; réglementat. sanitaire communale.

L. 10 juillet 1903.

L. N. 1903-3-247. — D. P. 1903-4-70. — S. 1904-658. — P. F. 1903-3-160. — *J. off.* du 12 juillet.

Modif. la procédure instituée par l'art. 10, L. 20 mars 1883, et par les art. 41 à 50, D. 7 avril 1887, pr. la construction d'office des maisons d'école.

COMMUNE 4

L. fin. 30 décembre 1903.

L. N. 1904-3-1. — D. P. 1904-4-9. — P. F. 1904-3-17. — *J. off.* du 31 déc. 1903. — V. Commentaire *Lois nouv.* 1904-1-1.

Art. 25 : Conditions de l'abandon total ou partiel de l'abonnement annuel consenti aux communes pr. frais de casernement ; prise en charge des dépenses.

Art. 39 : Fix. le mode de répartition, ds. les départem. et ds. chaq. commune, des subventions allouées pr. secours aux familles des réservistes et territoriaux (art. 85, L. 13 avril 1898).

L. 14 mars 1904.

L. N. 1904-3-62. — D. P. 1904-4-19. — P. F. 1904-3-57. — G. P. 1904-1-781. — *J. off.* du 17 mars. — V. Commentaire *Lois nouv.* 1904-1-325.

Rel. au placement des employés et ouvriers des deux sexes et de toutes professions.

Art. 2 et s. : Bureaux gratuits ; registres ; surveillance ; suppression des bureaux payants, etc.

ENREGISTREMENT 4

C. 6 août 1903.

L. N. 1904-3-48.
Du min. just. — Production des actes en justice ; devoir des tribun.
d'exiger la justificat. de l'enreg.; surveillance du min. pub.

L. fin. 30 décembre 1903.

L. N. 1904-3-1. — D. P. 1904-4-9. — P. F. 1904-3-17. — *J. off.* du
31 déc. 1903. — V. Commentaire *Lois nouv.* 1904-1-1.
Art. 3 : Mutations par décès ; sociétés mandataires dépositaires de
valeurs dépendant d'une success. ; ayants droit domiciliés à l'étranger ;
applicat. de l'art. 5 § 5, L. 25 février 1901.
Art. 7, 8 : Success. en déshérence ; dons et legs dévolus à l'État ;
liquidation.

D. 3 mai 1904.

L. N. 1904-3-87. — *J. off.* du 7 mai.
Rel. à la créat. d'un bureau spécial d'enreg. des actes des commissaires-priseurs, à Paris.

ÉTABLISSEMENTS DANGEREUX, INSALUBRES ET INCOMMODES

D. 26 février 1881.

D. P. 1882-4-55. — S. 1881-136.
Complétant la nomenclature de ces établissements.

D. 20 juin 1883.

L. N. 1883-2-68. — D. P. 1884-4-4. — S. 1883-493.
Même objet.

D. 3 mai 1886.

L. N. 1886-2-122. — D. P. 1887-4-32. -- S. 1886-74.
Même objet.

D. 5 mai 1888.

D. P. 1888-4-45. — S. 1888-305. — P. F. 1888-3-40.
Fixant à nouveau, conformément au tableau annexé, la nomenclature des dits établissem. (abrog. les D.D. 31 déc. 1866, 31 janv. 1872, 7 mai 1878, 22 avril 1879, 26 févr. 1881 et 20 juin 1883).

D. 15 mars 1890.

L. N. 1890-3-125. — D. P. 1891-4-87. — S. 1891-201.
Complétant la nomenclature de ces établissements.

D. 26 janvier 1892.

L. N. 1892-3-41. — D. P. 1892-4- 69. — S. 1893-582. — P. F. 1893-3-88.
Même objet.

D. 13 avril 1894.

L. N. 1894-3-65. — D. P. 1896-4- 16. — S. 1895-963. — P. F. 1895-3-56.
Même objet.

D. 6 juillet 1896.

L. N. 1896-3.142. — D. P. 1897-4-88. — S. 1896-105. — P. F. 1896-3-40.
Même objet.

D. 24 juin 1897.

L. N. 1897-3-141. — D. P. 1897-4-89. — S. 1898-460. — P. F. 1898-3-02.
Même objet.

D. 17 août 1897.

L. N. 1897-3-192. — D. P. 1897-4-89. — S. 1898-568. — P. F. 1898-3-106.
Même objet.

3

L. 21 juin 1903.

L. N. 1903-3-211. — D. P. 1903-4-68. — S. 1904-684. — P. F. 1904-3-46. — G. P. 1903-2-1. — *J. off.* du 23 juin. — V. Commentaire *Lois nouv.* 1903-1-705.

Complét. l'art. 55 C. civ. en ce qui concerne les déclarat. de naissance faites en pays étrangers par les Français devant les agents diplomatiq. ou les Consuls.

—

D. 19 mars 1891.

D. P. 1891-4-112. —.S. 1893-469. — P. F. 1895-3-89.
Modif. l'art. 82 de l'ordonn. 1er août 1827 (adjudications, condit. gén., cah. des charges).

L. 4 mai 1892.

L. N. 1892-3-81.—D. P. 1892-4-55.—S. 1893-447.—P. F. 1894-3-46.
Liquidation des pensions des agents et préposés forestiers domaniaux ou mixtes, soumis aux prescript. des D. 22 septembre 1882 et 18 nov. 1890 (tarifs des gendarmes et douaniers).

D. 17 août 1892.

D. P. 1894-4-8. — S. 1894-738. — P. F. 1894-3-74.
Réglem. d'admin. publ. pr. l'exécut. de la L. 4 mai 1892.

L. 19 août 1893.

L. N. 1893-3-277. — D. P. 94-4-44. — S. 1894-673. — *J. off.* du 20 août.
Concern. les mesures à prendre contre les incendies ds. la région des Maures et de l'Estérel (Var et Alpes-Maritimes).

D. 23 février 1894.

D. P. 1895-4-120. — S. 1895-932.
Situation des agents forestiers en disponibilité.

D. 2 juillet 1894.

S. 1895-997.
Abrog. et remplac. l'art. 1er du D. 9 janvier 1888 (Recrutem. des élèves de l'école nation. forest.).

D. 3 décembre 1896.

D. P. 1897-4-91. — S. 1897-240. — P. F. 1897-3-80.
Réglem. d'administration publ. pr. l'exécut. de l'art. 67 de la L. fin. 16 avril 1895 sur les pensions des Inspect. des forêts.

D. 19 avril 1898.

S. 1900-962.
Sur la dénomination des agents et préposés forestiers.

L. 21 juin 1898.

L. N. 1898-3-194. — D. P. 1899-4-4. — S. 1899-858. — P. F. 1899-3-125.
Modif. les art. 31 et 103 C. for., et abrog. l'art. 32.

C. 5 octobre 1903.

L. N. 1903-3-370. — S. 1903-617. — G. P. 1903-2-9. — J. off.
du 20 octobre 1903.
Rel. à l'applicat. du D. 15 août 1903, ci-dessus.

Arr. 16 novembre 1903.

L. N. 1903-3-420. — J. off. du 17 novembre.
Instit. une Commission chargée de suivre l'applicat. du D. 15 août
1903, et nommant les membres de cette commission.

C. 1ᵉʳ décembre 1903.

L. N. 1904-3-59.
Du min. just. — Ventes judic. d'immeubles dont le prix n'excède
pas 2.000 francs ; vérification des frais ; modificat. apportées au tarif
des avoués.

L. fin. 30 décembre 1903.

L. N. 1904-3-1. — D. P. 1904-4-9. — P. F. 1904-3-17. — J. off. du
31 déc. 1903. — V. Commentaire *Lois nouv.* 1904-1-1.
Art. 6 : Affaires criminelles, correctionn. et de police ; port des
lettres et paquets ; tarif et recouvrement.

D. 14 juin 1904.

L. N. 1904-3-114. — G. P. 1904 1-784. — J. off. du 15 juin.
Concern. le tarif des frais et dépens devant les tribun. de première
instance et les Cours d'appel (abrog. le D. 15 août 1903).

HUISSIERS (Actes d') 2

V. aussi : Officiers publics et ministériels.

——

C. 22 juillet 1902.

L. N. 1902-3-323.
Du min. just. ; rapport. la circ. rel. à l'encaissement des effets de commerce du 23 janvier 1902.

C. janvier 1903 (sans date).

L. N. 1903-3-104.
Du même ; constats faits par les huissiers ; abus à réprimer.

C. 20 février 1903.

L. N. 1903-3-161.
Du même ; transmiss. des extraits de jugem. et arrêts rendus par défaut en mat. de simpl. pol. et correctionn. — Huissier, enregistrem. ; exploit de signification.

D. 25 juillet 1903.

L. N. 1903-3-336. — D. P. 1903-4-52. — S.1903-623. — P. F. 1903-3-141. — G. P. 1903-2-2. — J. off. du 29 juillet.
Modif. le D. 13 nov. 1899 pr. l'applicat. de la loi sur le secret des actes signifiés par huissiers (15 février 1899).

D. 15 mai 1904.

L. N. 1904-3-82. — G. P. 1904-1-784. — J. off. du 18 mai.
Rel. à l'honorariat des huissiers.

A. 11 décembre 1900.

P. F. 1901-3-47. — *J. off.* du 15.
Du min. com. — Instituant une commission d'hygiène industrielle,
et nommant les membres de cette commission.

L. 15 février 1902.

L. N. 1902-3-77. — D. P. 1902-4-41. — S. 1902-345. — P. F. 1903-3-20.
— G. P. 1902-1-859. — *J. off.* du 19. — V. Commentaire *Lois nouv.*
1903-1-329.
Rel. à la protection de la santé publique.

C. 10 mai 1902.
C. 19 juillet 1902.

L. N. 1902-3-359.
Du min. int. aux préfets; applicat. de la loi ci-dessus.

D. 18 décembre 1902.

L. N. 1903-3-54. — S. 1903-551. — P. F. 1903-3-81. — *J. off.* du
20 février 1903.
Règlem. d'adm. pub. pr. le fonctionnem. du Comité consultatif
d'hygiène publique en France.

Ar. 10 février 1903.

L. N. 1903-3-56. — S. 1903-552. — P. F. 1903-3-81. — *J. off.* du
20 février.
Rel. au mode de déclarat. des cas de maladie déterminés par la L.
15 février 1902.

D. 10 février 1903.

L. N. 1903-3-57. — S. 1903-552. — P. F. 1903-3-81. — *J. off.* du
20 février.
Fixant la liste des maladies auxquelles sont applicab. les disposit. de
la L. 15 février 1902.

D. 7 mars 1903.

L. N. 1903-3-97. — S. 1903-552. — P. F. 1903-3-83. — *J. off.* du
12 mars.
Règlem. d'admin. pub. applicab. aux conditions que doiv. remplir
les appareils destinés à la désinfection.

C. 30 mai 1903.

L. N. 1904-3-68 et 96.
Du min. int. — Applicat. de la L. 15 février 1902; réglementation
sanitaire communale (art. 1, 2 et 3).

D. 27 juillet 1903.

L. N. 1903-3-345. — S. 1903-623. — P. F. 1903-3-140. — *J. off.* du 31 juillet.

Rel. au service de la vaccine.

A. 28 mars 1904.
A. 30 mars 1904.

L. N. 1904-3-117 et 118.

Du min. int., rel. : 1° aux obligat. des praticiens chargés des services publics de vaccine; 2° à la tenue et au contrôle des établissem. vaccinogènes.

JUSTICE MILITAIRE 4

(Armées de terre et de mer).

D. 23 octobre 1903.

L. N. 1904-3-18. — *J. off.* du 6 déc. 1903.
Rel. à l'organisat. du service de la justice milit. ds. les troupes coloniales.

D. 8 novembre 1903.

P. F. 1904-3-4. — *J. off.* du 10 déc. 1903.
Régl. d'admin. pub. sur les Conseils d'enquête des officiers, des sous-off. de réserve et de l'armée territor., et des sous-offic. rengagés ou commissionnés. — Tableaux.

D. 11 mai 1904.

L. N. 1904-3-94. — *J. off.* du 15 mai.
Substituant le trib. civ. de la marine séant à Brest aux conseils de revision maritimes de la Nouvelle-Calédonie et de la Guyane pr. l'examen des recours formés par les transportés (modif. l'art. 7 du D. 3-4 octobre 1889).

LETTRE DE CHANGE

V. Change (agents de); effets publics.

———

L. 7 juin 1894.

L. N. 1894-3-80. — D. P. 1895-4-54. — S. 1894-753. — P. F. 1895-3
17. — G. P. 1894-1-3. — V. Commentaire *Lois nouv.*, 1894-1-309.
Modifiant les art. 110, 112 et 632 C. com. sur la lettre de change.

C. 7 février 1903.

L. N. 1903-3-176.
Du min. just. — Lettres de change et billets à ordre; échéance tombant un dimanche ou un jour férié; proposit. de modif. l'art. 134
C. comm.; enquête.

L. 28 mars 1904.

L. N. 1904-3-69. — P. F. 1904-3-63. — G. P. 1904-1-782. — J. off.
du 30 mars. — V. Commentaire *Lois nouv.* 1904-1-318.
Décidant que les effets de commerce échus un dimanche ou un jour
férié légal ne seront payables que le lendemain (modifie l'art. 134
C. comm.).

LIBERTÉ COMMERCIALE ET INDUSTRIELLE

L. 15 février 1898.

L. N. 1898-3-34. — D. P. 1898-4-25. — S. 1898-457. — P. F. 1898-3-99. — G. P. 1898-1-1. — V. Commentaire *Lois nouv.* 1898-1-181.
Rel. au commerce de brocanteur.

L. 21 août 1900.

L. N. 1900-3-284. — D. P. 1902-4-89. — S. 1901-197. — P. F. 1900-3-158. — *J. off.* du 26. — V. Commentaire *Lois nouv.* 1900-1-443.
Interdisant la création de conditions privées en concurrence avec des conditions publiques antérieurement établies.

L. 4 août 1903.

L. N. 1903-3-341. — D. P. 1903-4-79. — P. F. 1903-3-143. — G. P. 1903-2-2. — *J. off.* du 7 août.
Réglementant le commerce des produits cupriques anti-criptogamiques.

L. 14 mars 1904.

L. N 1904-3.62. — D. P. 1904-4-19. — P. F. 1904-3-57. — G. P. 1904 1-781. — *J. off.* du 17 mars. — V. Commentaire *Lois nouv.*, 1904-1-325.
Rel. au placement des employés et ouvriers des deux sexes et de toutes professions.

D. 24 mars 1903.

S. 1904-686. — *J. off.* du 29 mars.
Créant un emploi d'attaché au parquet général à la Cour d'appel de Madagascar.

D. 1ᵉʳ juin 1903.

P. F. 1903-3-100. — *J. off.* du 6 juin.
Modif. le D. 13 déc. 1902.

D. 5 juin 1903.

P. F. 1903-3-101. — *J. off.* du 13 juin.
Modif. le tableau annexé au D. 28 juill. 1897, portant fixation des exceptions au tarif général des douanes en ce qui concerne les produits étrangers importés à Madagascar.

D. 21 juin 1903.

P. F. 1903-3-156. — *J. off.* du 25 juin.
Règlem. de police sanitaire des animaux à Madagascar.

D. 24 juin 1903.

P. F. 1903-3-157. — *J. off.* du 30 juin.
Rel. aux mesures à prendre en cas de maladies contagieuses et parasitaires des plantations à Madagascar et dépendances.

D. 31 juillet 1903.

L. N. 1903-3-340. — P. F. 1903-3-142. — *J. off.* du 10 août 1903.
Conférant aux gradés de la garde régionale de Madagascar les fonctions d'officier de police judiciaire.

D. 9 septembre 1903.

P. F. 1903-3-168. — *J. off.* du 2 octobre 1903.
Modif. l'art. 6, D. 20 déc. 1900, portant créat. d'un cadre temporaire d'ingénieurs, etc., à Madagascar.

D. 30 janvier 1904.

S. 1904-686. — P. F. 1904-3-35. — *J. off.* du 4 février.
Portant créat. d'emplois dans les tribun. de Madagascar.

D. 2 mars 1904.

L. N. 1904-3-57.— P. F. 1904-3-53. — *J. off.* du 5 mars.
Autoris., à Madagascar, les administrateurs investis des fonctions de juge de paix à tenir des audiences foraines.

D. 4 février 1904.
D. 2 mars 1904.

P. F. 1904-3-38 et 54. — *J. off.* des 11 février et 6 mars 1904.

1° Rel. à la protect. de la santé publiq. de Madagascar et dépendances ;

2° Organ. le service d'assist. médicale et d'hygiène publiq. indigènes aux dits lieux.

D. 7 mars 1904 (2 textes).

P. F. 1904-3-55 et 61. — *J. off.* du 9 mars.

1° Réglem. de la médecine et de la profess. de sage-femme indigène à Madagascar.

2° Régl. l'exercice de la pharmacie à Madagascar.

D. 24 mars 1904.

L. N. 1904-3-73. — *J. off.* du 30 mars.

Modif. le D. 9 juin 1896 (réorgan. le service de la justice à Madagascar).

Militaire et marchande.
V. Code de commerce ; navigation.

———

L. 31 juillet 1902.

L. N. 1902-3-346. — D. P. 1903-4-5. — S. 1904-671. — P. F. 1903-3-2. — *J. off.* du 11 septembre.
Portant modificat. du décret loi disciplinaire et pénal du 24 mars 1852, pr. la marine marchande.

D. 9 septembre 1902.

L. N. 1902-3-383. — S. 1903-481.— P. F. 1903-3-4. — *J. off.* du 10.
Règlem. d'admin. publ. pr. l'applicat. de la L. 7 avril 1902 sur la marine marchande.

Arr. 9 septembre 1902.

L. N. 1902-3-409. — P. F. 1903-3-13. — *J. off.* du 10.
Indiq. la liste des pièces non exigées pr. la liquidat. des primes acquises par les navires régis par la L. 30 janvier 1893 (exécut. de l'art. 93, D. 9 sept. 1902).

L. 16 février 1903.

L. N. 1903-3-58. — D. P. 1903-4-66. — *J. off.* du 18 février.
Portant créat. d'un cadre de réserve pr. les officiers généraux des différents corps de la marine autres que les officiers de vaisseau.

D. 6 juin 1903.

P. F. 1903-3-101. — *J. off.* du 7 juin.
Fixant le mode de recrutem. du corps du commissariat de la marine.

D. 26 juin 1903.

L. N. 1903-3-215. — S. 1903-747. — *J. off.* du 28 juin.
Rel. aux moyens de sauvetage dont devront être pourvus les navires affectés au transport des passagers.

L. 18 juillet 1903.

L . N. 1903-3-334. — D. P. 1903-4-73. — *J. off.* du 21 juillet.
Créant un corps de marins indigènes ou Baharia en Algérie et en Tunisie.

D. 19 septembre 1903.

S. 1904-726. — *J. off.* du 24 sept.
Portant suppression des états de prévisions.

MARINE 14

Militaire et marchande.

V. Code de Commerce ; navigation.

D. 21 septembre 1903.

L. N. 1903-3-399. — P. F. 1903-3-165. — *J. off.* du 23 septembre.
Rel. à la destruction des rats à bord des navires.

D. 22 décembre 1903.

P. F. 1904-3-25. — *J. off.* du 30 déc.
Modif. le D. 7 octobre 1902, portant créat. du corps des administrat. de l'inscription maritime.

D. 6 janvier 1904 (2 textes).

P. F. 1904-3-44 et 45. — *J. off.* des 20 et 23 janvier 1904.
1° Portant créat. d'un service de contrôle résident en Tunisie et Cochinchine ;
2° Modif. les D. D. 1er et 18 avril 1902 rel. à la direction du contrôle et au contrôle résident des ports et établissem. de la marine.

L. 14 avril 1904.

L. N. 1904-3-79. — *J. off.* du 15 avril.
Portant modificat. de la L. 15 juill. 1897 sur le permis de navigat. maritime et l'évaluat. des services donnant droit à la pension dite : demi-solde.

L. 14 avril 1904.

L. N. 1904-3-78. — *J. off.* du 16 avril.
Faisant bénéficier le demi-soldier (inscrit maritime) de sa pension de retraite à compter du jour où son droit est constaté.

D. 22 mai 1904.

L. N. 1904-3-95. — *J. off.* du 1er juin 1904.
Portant énumérat. des catégories de personnel admises à constater les infractions de nature à compromettre les câbles électriques sous-marins affectés à la défense du littoral.

MINES 4

Et mineurs.

———

D. 23 décembre 1901.
C. 21 janvier 1902.

L. N. 1902-3-54 et 57. — *J. off.* du 21 janvier 1902.
Conservation des explosifs dans les exploitations souterraines.

D. 12 mars 1902.

P. F. 1902-3-93.— *J.off.* du 13 mars.
Réglem. d'admin. pub. pr. l'École nationale supérieure des mines.

D. 6 avril 1902.

P. F. 1902-3-109. — *J. off.* du 17.
Conférant aux contrôleurs principaux, après cinq ans de fonctions, le titre de sous-ingénieur des mines.

L. fin. 31 mars 1903.

L. N. 1903-3-111. — D. P. 1903-4-17. — S. 1903-570. — P. F. 1903-3-52. — *J. off.* du 31 mars. — V. Commentaire *Lois nouv.* 1903-1-163 (L. fin.), et 1903-1-201 (contrib. indir.).
Art. 4 : Exploitation des mines ; frais de perception à verser au Trésor ; fixation à 3 centimes par franc.
Art. 84 et s. : Ouvriers mineurs ; pensions d'âge ou d'invalidité (majoration des) ; retraite (allocations pour) ; dispositions organiques.

L. 21 juillet 1903.

L. N. 1903-3-335. — D. P. 1903-4-74. — S. 1904-721. — P. F. 1903-3-141. — G. P. 1903-2-1. — *J. off.* du 23 juillet.
Modif. l'art. 89, L. 31 mars 1903.

D. 9 septembre 1903.

P. F. 1903-3-173. — *J. off.* du 12 sept.
Fix. le prix de vente des explosifs de mine.

D. 5 mars 1904.

P. F. 1904-3-55. — *J. off.* du 10 mars.
Fix. le prix de vente des explosifs du type O n° 1.

MONNAIES 2

Et Conventions monétaires.

D. 22 février 1899.
D. 20 juillet 1899.

S. 1901-88. — *J. off.* des 5 mars et 27 juillet.
Relatif au type des pièces d'or de 20 francs et de 10 francs.

L. fin. 30 mars 1902.

L. N. 1902-3-130. — D. P. 1902-4-60. — S. 1902-415. — P. F. 1902-3-70. — *J. off.* du 30 mars. — V. Commentaire *Lois nouv.* 1902-1-229.
Art. 57 : Modif. l'intitulé et les art. 1 et 3, L. 11 juillet 1885 (interdiction de toute simul. de billets de banque et de toutes monnaies franç. et étrangères).

L. 13 décembre 1902.
D. 17 janvier 1903.

L. N. 1903-3-9 et 41. — D. P. 1903-4-65. — S. 1904-672. — P. F. 1903-3-86 et 93. — *J. off.* des 16 déc. 1902 et 20 janvier 1903.
Approuv. et promulg. la convention monétaire addit. à celle du 6 nov. 1885, conclue à Paris le 15 nov. 1902, entre la France, la Belgique, la Grèce, l'Italie et la Suisse.

L. fin. 31 mars 1903.

L. N. 1903-3-111. — D. P. 1903-4-17. — S. 1903-570. — P. F. 1903-3-52. — *J. off.* du 31 mars. — V. Commentaire *Lois nouv.* 1903-1-163 (L. fin.) et 1903-1-201 'Contrib. indir. ; bouilleurs de cru).
Art. 50 : Ordonnant la fabricat. d'une pièce de nickel de 25 centimes.

D. 10 décembre 1903.

L. N. 1904-3-26. — P. F. 1904-3-30. — *J. off.* du 13 déc. 1903.
Prohib. l'importat. en France et en Algérie des monnaies d'argent n'ay. plus cours légal dans leur pays d'origine.

L. 29 mars 1904.

L. N. 1904-3-69. — P. F. 1904-3-63. — G. P. 1904-1-782. — *J. off.* du 31 mars.
Remplaç. l'arrêté des consuls du 3 germinal an IX, rel. à la détention d'appareils susceptib. d'etre utilisés ds. la fabricat. des monnaies.

NANTISSEMENT

L. 31 mars 1896.

L. N. 1896-3-100. — D. P. 1896-4-33. — S. 1896-109. — P. F. 1896-3-108. — G. P. 1896-1-3. — V. Commentaire *Lois nouv.* 1896-1-141.
Vente des objets abandonnés ou laissés en gage par les voyageurs aux aubergistes ou hôteliers.

L. 1er mars 1898.

L. N. 1898-3-40. — D. P. 1898-4-20. — S. 1898-447. — P. F. 1898-3-81. — G. P. 1898-1-2. — V. Commentaire *Lois nouv.* 1898-1-165.
Modif. l'art. 2075 C. civ. (Nantissement des fonds de commerce) — Publicité.

L. 31 décembre 1903.

L. N. 1904-3-16. — D. P. 1094-4-7. — S. 1904-713. — P. F. 1904-3-33. — G. P. 1904-1-781. — *J. off.* du 8 janv. 1904. — V. Commentaire *Lois nouv.* 1904-1-305.
Rel. à la vente des objets abandonnés chez les ouvriers et industriels.

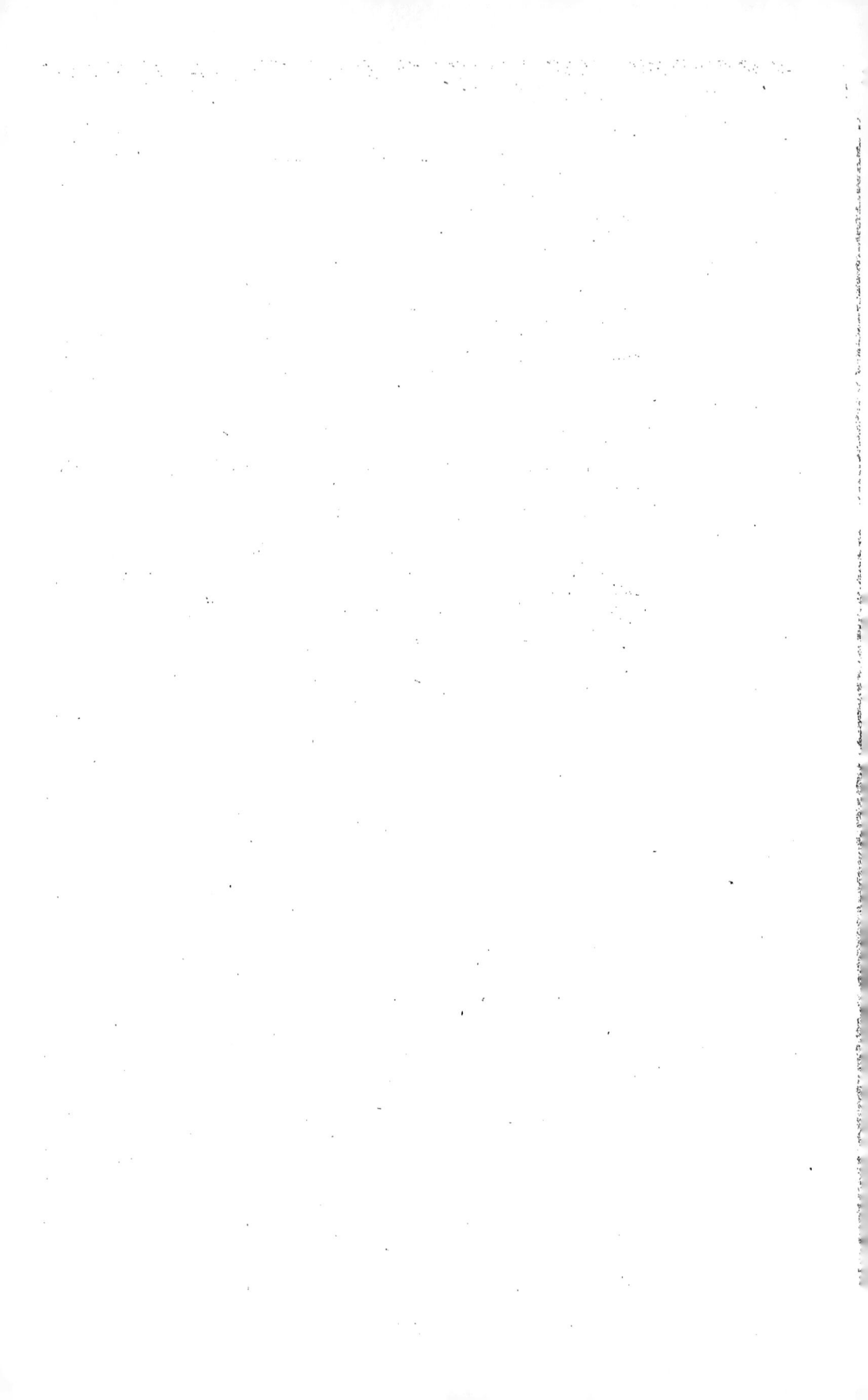

OFFICIERS PUBLICS ET MINISTÉRIELS 2

V. aussi : Greffiers, Notaires, Huissiers.

Décision mai-juin 1902.

L. N. 1902-3-331.
Cessions d'offices ; bulletin n° 2 du Casier judiciaire du candidat ;
frais à sa charge.

D. 3 mai 1904.

L. N. 1904-3-87. — *J. off.* du 7 mai.
Rel. à la créat. d'un bureau spécial d'enregistrem. des actes des
commissaires-priseurs, à Paris.

D. 15 mai 1904 (2 textes).

L. N. 1904-3-82. — G. P. 1904-1-784. — *J. off.* du 18 mai.
Relatifs : 1° à l'honorariat des huissiers ;
2° A l'honorariat des commissaires-priseurs.

ORGANISATION ADMINISTRATIVE

———

D. 28 août 1889.

L. N. 1889-3-281. — S. 1891-88.
Réglem. les rapports de l'Imprimerie Nationale avec les adminis-trat. publiq.

L. 6 décembre 1897.

L. N. 1897-3-256. — D. P. 1898-4-16. — S. 1898-434. — P. F. 1898-3-89. — G. P. 1897-1-4. — *J. off.* du 7. — V. Commentaire *Lois nouv.* 1898-1-379.
Prescrivant div. mesures de décentralisation et de simplification concernant les services du ministère des finances.

D. 11 novembre 1899.

S. 1901-230. — *J. off.* du 12.
Rel. au recrutem. des ingénieurs et agents des manufactures de l'Etat.

D. 14 août 1900.

L. N. 1900-3-305. — *B. min. int.* 1900, p. 339.
Signature dans les actes officiels ou administratifs ressortissant du ministère de l'intérieur ; interdiction de l'usage des signatures griffées.

D. 24 février 1901.

P. F. 1901-3-121. — *J. off.* du 27.
Réorgan. l'inspection gén. des services administratifs au min. de l'int.

D. 25 février 1901.

P. F. 1901-3-85. — *J. off.* du 27.
Modif. le règlem. d'admin. sur l'organisation de l'administ. cen-trale du min. du Com. et des Postes.

D. 1er juillet 1901.

S. 1904-711.
Rel. à la suppress. de pièces justificat. de comptabilité.

D. 2 décembre 1901.

S. 1904-684.
Modif. l'art. 50, D. 31 mai 1862 (réglem. génér. sur la comptabi-lité publique).

ORGANISATION ADMINISTRATIVE 2

L. 6 avril 1902.

L. N. 1902-3-164. — D. P. 1902-4-93. — S. 1904-670. — *J. off.*
du 10.

Rel. à la reconstruct. de l'Imprimerie Nationale.

D. 7 avril 1902.
D. 10 décembre 1902.

S. 1902-408 et 1903-527.

1° Tarif des annonces et insertions au *J. off.*

2° Fixant le prix de l'abonnem. au *J. off.* et de la vente au numéro
(modif. le D. 29 déc. 1896, art. 2 et 3).

L. 9 décembre 1902.

D. P. 1903-4-15. — S. 1904-683. — *J. off.* du 11 décembre.

Rel. à la comptabilité du matériel classé à la réserve de guerre.

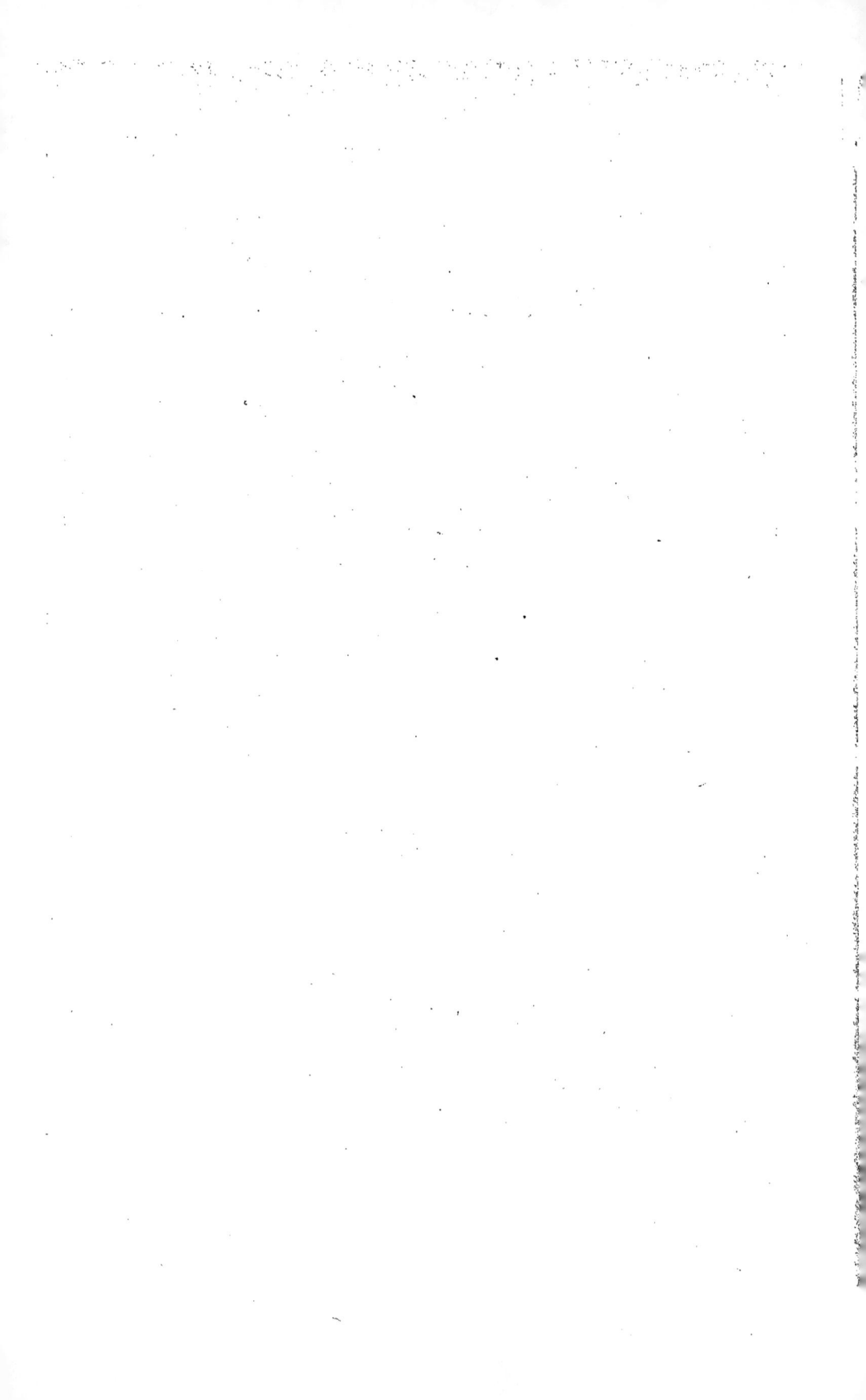

OUTRAGE AUX BONNES MŒURS

L. 2 août 1882.

D. P. 1882-4-105. — S. 1882-376. — V. texte et commentaire *Lois nouv.* 1882 (3ᵉ section), 1 à 9.
Répress. des outrages aux bonnes mœurs.

C. 7 août 1882.

S. 1882-377.
Exécution du précédent texte.

L. 16 mars 1898.

L. N. 1898-3-51. — D. P. 1898-4-22 — S. 1898-561. — P. F. 1899-3-65. — G. P. 1898-1-8. — V. Commentaire *Lois nouv.* 1898-1-389.
Modif. celle du 2 août 1882.

L. 3 avril 1903.

L. N. 1903-3-136. — D. P. 1903-4-54. — S. 1903-625. — P. F. 1903-3-65. — G. P. 1903-1-4. — *J. off.* du 4 avril.— V. Commentaire *Lois nouv.* 1903-1-245.
Modif. les art. 334 et 335 C. pén., 4 de la L. 27 mai 1885, et 5 et 7 C. instr. crim. (Trafic de la débauche).

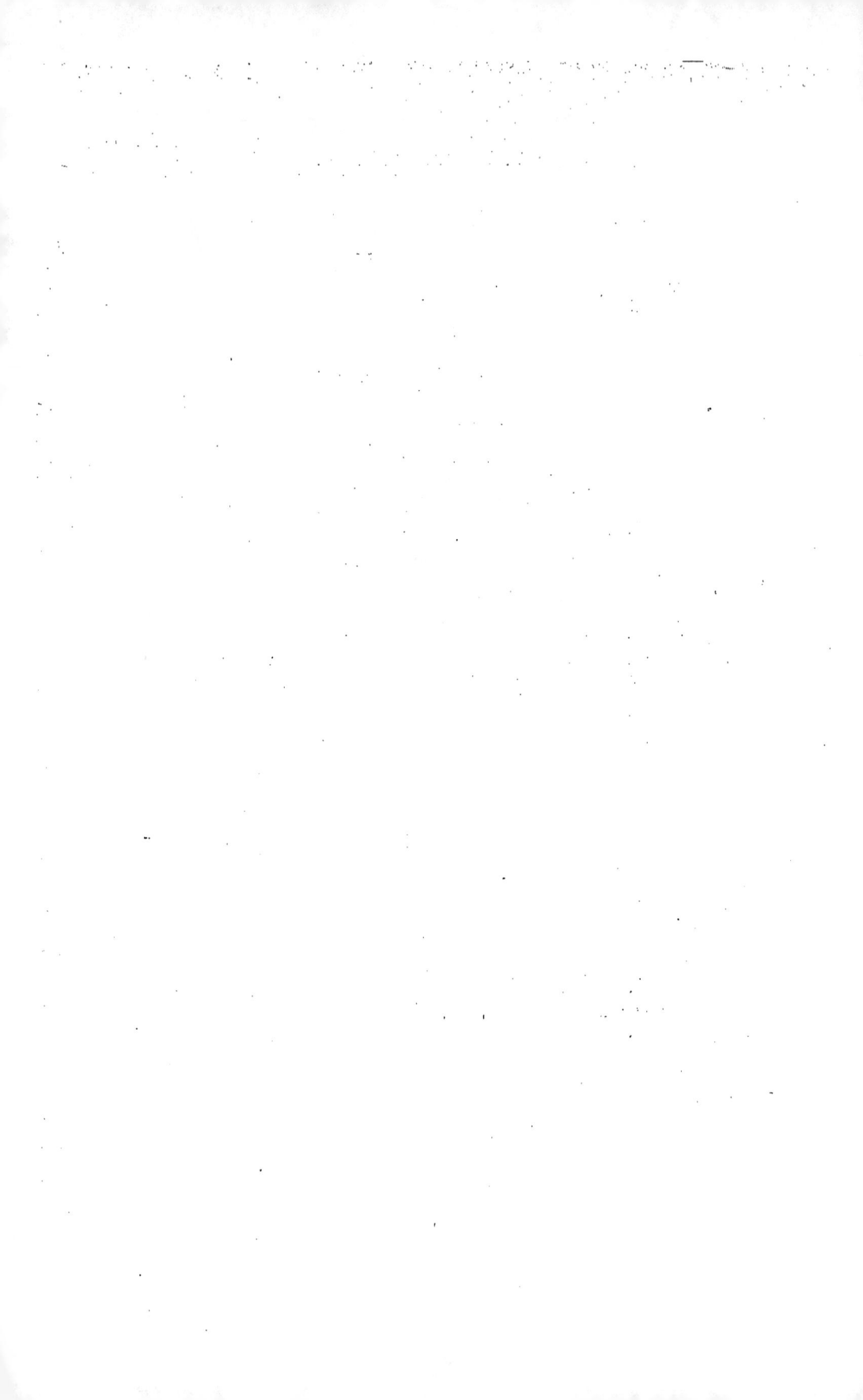

PENSIONS DE RETRAITE 4

V. aussi : **Armée, Marine, Forêts.**

—————

D. 19 octobre 1903.

S. 1904-684. — P. F. 1903-3-169. — *J. off.* du 22.

Portant modif. à l'ordonn. 26 janvier 1832, sur les pensions de l'armée de mer.

L. fin. 30 décembre 1903.

L. N. 1904-3-1. — D. P. 1904-4-9. — P. F. 1904-3-17. — *J. off.* du 31 déc. 1903. — V. Commentaire *Lois nouv.* 1904-1-1.

Art. 18 : Interdis. et abrog. les règlem. sur la limite d'âge pr. les fonctionn., à l'except. des magistr. de l'ordre judic. et de la Cour des Comptes.

Art. 19 : Complétant la nomenclature de la 2° section du tableau n° 3, annexé à l'art. 7, L. 9 juin 1853.

L. 15 mars 1904.

L. N. 1904-3-64. — *J. off.* du 16 mars.

Modif. l'art. 8, L. 11 avril 1831 sur les pensions de l'armée de terre.

L. 14 avril 1904.

L. N. 1904-3-79. — *J. off.* du 15 avril.

Portant modificat. de la L. 15 juill. 1897 sur les permis de navigat. maritime et l'évaluation des services donnant droit à la pension dite : demi-solde.

L. 14 avril 1904.

L. N. 1904-3-78. — *J. off.* du 16 avril.

Faisant bénéficier la demi-soldier (inscrit maritime) de sa pension de retraite à compter du jour où son droit est constaté.

D. 20 juin 1904.

L. N. 1904-3-115. — *J. off.* du 21 juin.

Rel. à la bonificat. des pensions des brigadiers et gardes des eaux et forêts du cadre communal.

D. 23 décembre 1901.

L. N. 1902-3-54. — *J. off*. du 21 janvier 1902.
Conservation des explosifs dans les exploitations souterraines.

C. 21 janvier 1902.

L. N. 1902-3-57. — *J. off*. du 21 janvier 1902.
Pour l'applic. du décret ci-dessus.

D. 12 août 1903.

L. N. 1903-3-358. — *J. off*. du 18 août.
Fixant le prix de vente pr. l'exportation de la poudre de chasse pyroxylée T.

D. 9 septembre 1903.

P. F. 1903-3-173. — *J. off*. du 12 sept.
Fix. le prix de vente des explosifs de mines.

D. 16 décembre 1903 (2 textes).

P. F. 1904-3-27 et 31. — *J. off*. du 21 déc.
1° Fix. le prix des poudres à feu destinées à l'exportation.
2° Fix. ce prix pr. les col. et pays de protectorat.

D. 5 mars 1904.

P. F. 1904-3-55. — *J. off*. du 10 mars.
Fix. le prix de vente des explosifs du type O n° 1.

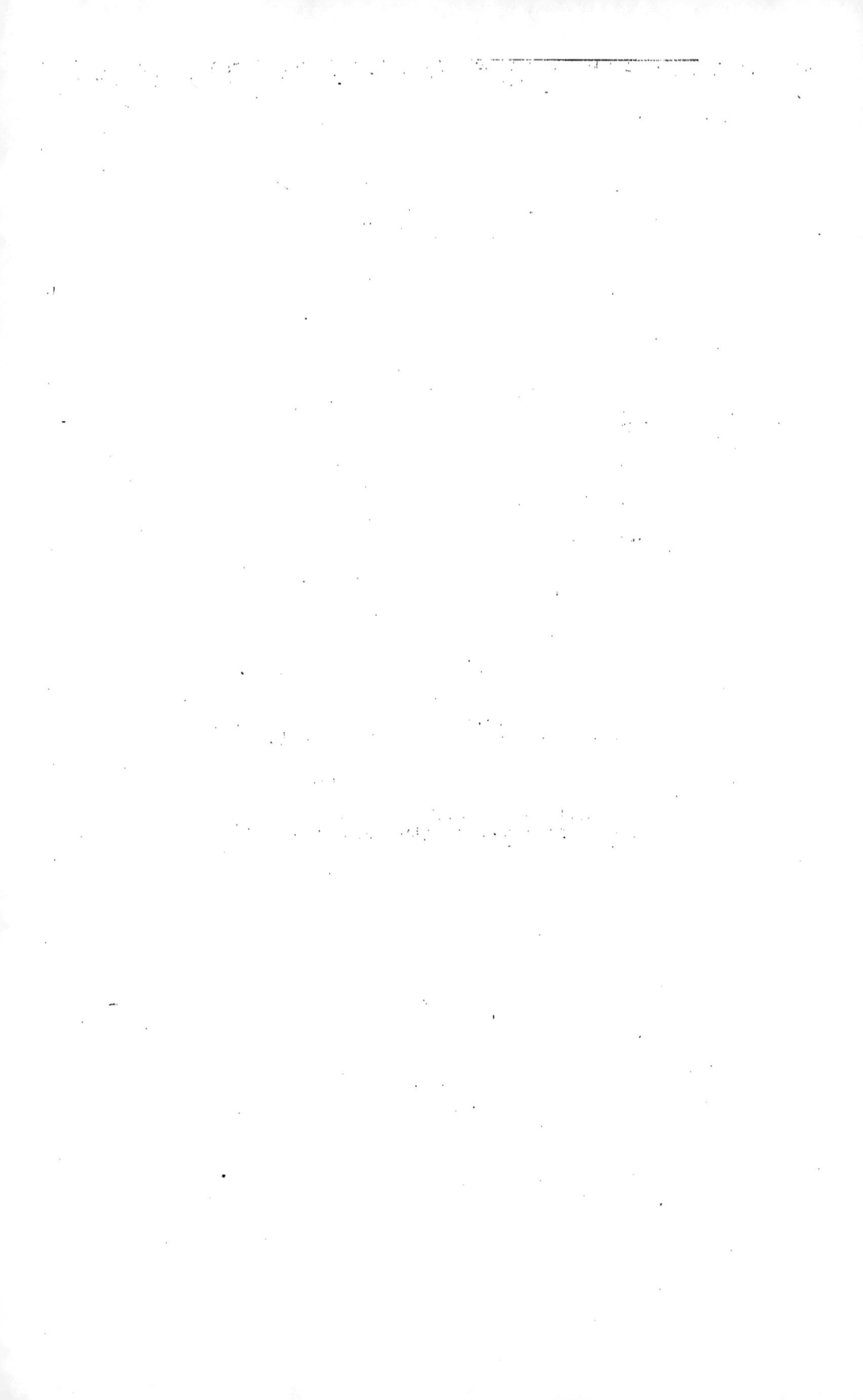

PRIVILÈGES

Privilège du Bailleur (restrictions au). — V. Louage.
(L. 19 février 1889 et 11 juillet 1892).
Privilège des frais de dernière maladie. — V. Médecine.
(L. 30 novembre 1892).
Privilège des commis et employés. — V. Louage de services.
(L. 6 février 1895).

L. 25 juillet 1891.

L. N. 1891-3-159. — D. P. 1891-4-68. — S. 1892-209. — P. F. 1895-3-88. — G. P. 1891-2-4. — V. Commentaire *Lois nouv.* 1891-1-745.
Étendant à tous travaux ay. le caractère de travaux publics l'applicat. du D. 26 pluviôse-28 ventôse an XI.

L. 17 juin 1893.

L. N. 1893-3-192. — D. P. 1893-4-107. — S. 1893-568. — P. F. 1896-3.46. — *J. off.* du 18 juin.
Appliq. aux créances privilégiées l'art. 2151 C. civ.

L. 9 avril 1898.

L. N. 1898-3-78. — D. P. 1898-4-49. — S. 1899-761. — P. F. 1899-3-49. — G. P. 1898-1-8. — V. Commentaire *Lois nouv.* 1899-1-165.
Sur la responsabilité des accidents dont les ouvriers sont victimes ds. leur travail.
Art. 23 : Créance de la victime pr. frais médicaux, pharmaceutiq., funéraires et indemnités temporaires ; privil. inscrit à l'art. 2101 C. civ. sous le n° 6.
Art. 26 : En cas d'assurance du chef d'entreprise, la Caisse nationale des retraites jouit, pr. le remboursem. de ses avances, à raison de l'indemnité due par l'assurance, du privil. de l'art. 2102 C. civ.

L. 15 février 1902.

L. N. 1902-3-77. — D. P. 1902-4-41. — S. 1902-345. — P. F. 1903-3-20. — G. P. 1902-1-859. — V. Commentaire *Lois nouv.* 1903-1-329.
Rel. à la protection de la santé publique.
Art. 15 : Travaux sanitaires rel. aux immeubles ; exécution d'office ; privilège sur les revenus de l'immeuble ; rang assigné après les privil. énoncés aux art. 2101 et 2103 C. civ.

L. fin. 30 mars 1902.

L. N. 1902-3-130. — D. P. 1902-4-60. — S. 1902-415. — P. F. 1902-3-70. — *J. off.* du 30. — V. Commentaire *Lois nouv.* 1902-1-229.
Art. 58 : Les disposit. de la L. 12 nov. 1808 sont applicab. aux taxes communales assimilées aux contribut. dir. Mais le privil. ne prend rang qu'après celui du Trésor public.

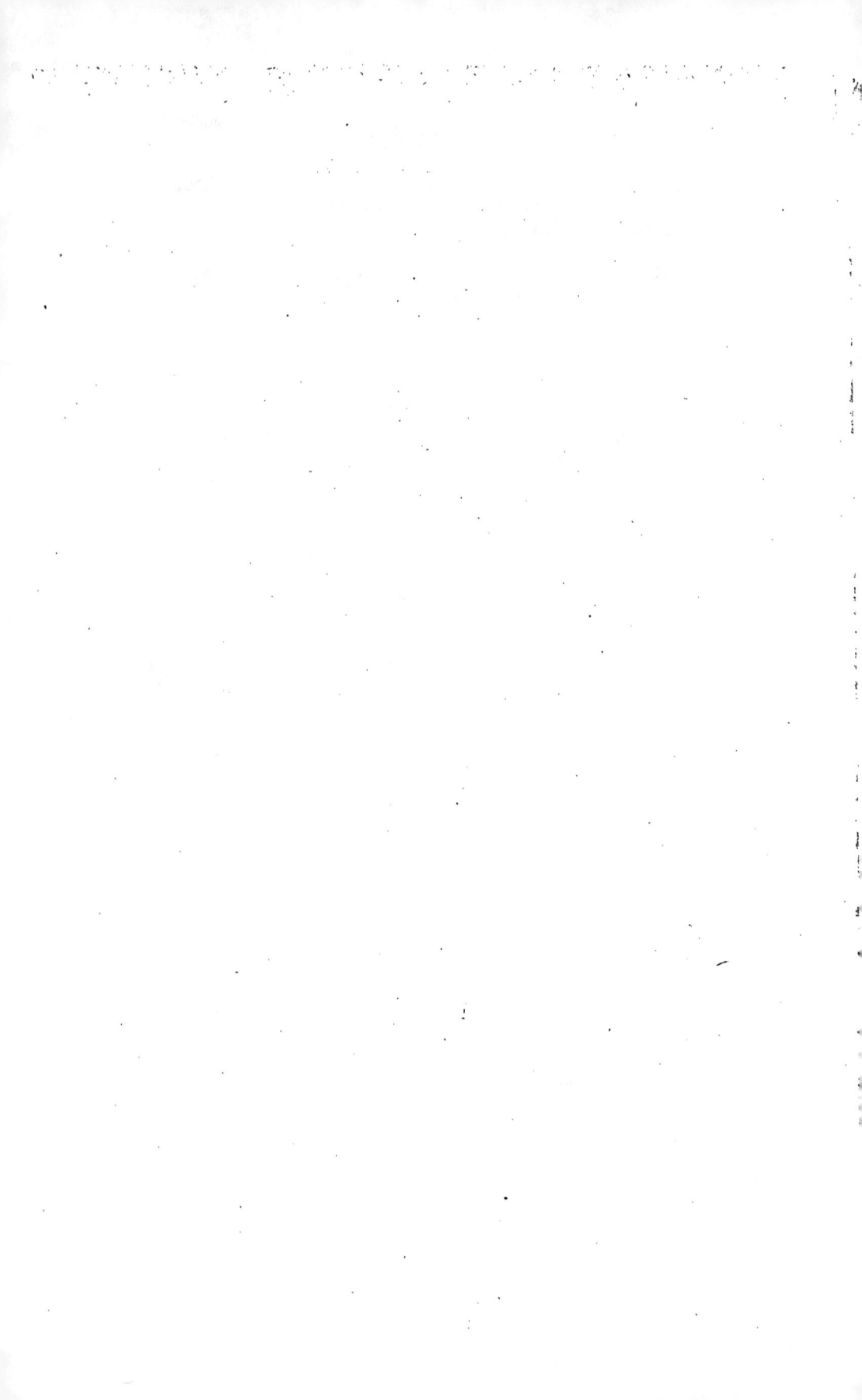

D. 8 mai 1899.

S. 1901-9. — P. F. 1901-3-145. — *J. off.* du 11.
Réglant le régime des concessions de terrains à accorder aux relégués dans les colonies pénitentiaires.

D. 23 février 1900.

D. P. 1900-4-88. — S. 1901-14. — G. P. 1901-1-1.
Condition des engagements de travail à exiger des relégués employés par des particuliers.

C. 10 août 1900.

L. N. 1900-3-308.
Pièces de procédure. — Extrait du casier judiciaire. — Suppress. des extraits de jugem. — Extrait d'écrou.

L. 10 juillet 1901.

L. N. 1901-3-178. — D. P. 1902-4-14. — S. 1902-375. — G. P. 1901-2-744. — *J. off.* du 12. — V. Commentaire *Lois nouv.* 1901-1-470.
Modif. l'art. 20, L. 27 mai 1885, relative aux récidivistes.

Cir. 2 décembre 1901.
Inst. 3 décembre 1901.

L. N. 1902-3-106-107.
Du min. int. aux préfets. Libération conditionnelle ; avis des préfets des départements où sont situées les maisons centrales, et de ceux où les libérés doivent fixer leur résidence.

C. 18 janvier 1902.

L. N. 1902-3-201.
Du même : interdiction de séjour ; modific. à la nomenclature des localités interdites en exécut. de l'art. 19, L. 27 mai 1885.

D. 31 décembre 1902.

L. N. 1903-3-36. — P. F. 1903-3-72. — *J. off.* du 10.
Pénalité ds. le cas de falsificat. ou fabricat. de pièces d'identité des transportés, relégués et libérés en Nouvelle-Calédonie, à la Guyane et Madagascar.

L. 3 avril 1903.

L. N. 1903-3-136. — D. P. 1903-4-54. — S. 1903-625. — P. F. 1903-3-65. — G. P. 1903-1-4. — *J. off.* du 4 avril. — V. Commentaire *Lois nouv.* 1903-1-245.
Modif. les art. 334 et 335 Code pén., 4 de la L. 27 mai 1885, et 5 et 7 C. instr. crim. (Trafic de la débauche).

6

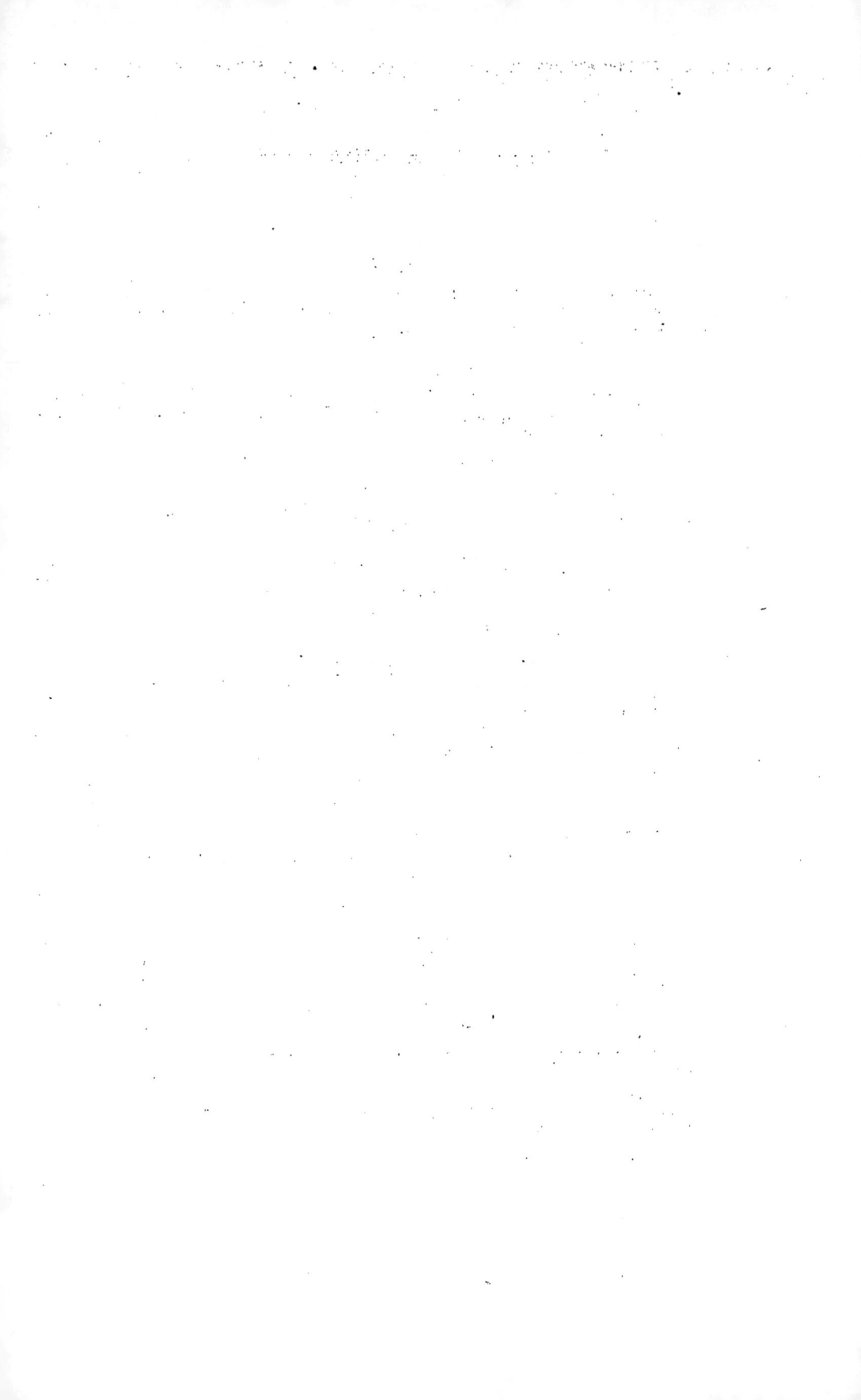

L. 31 mars 1904.

L. N. 1904-3-70. — P. F. 1904-3-63. — G. P. 1904-1-782. — *J. off.* du 2 avril 1904. — V. Commentaire *Lois nouv.* 1904-1-357. Modif. la L. 27 mai 1885 sur les récidivistes (art. 2 § 2).

RÉHABILITATION

D. 12 octobre 1888.

L. N. 1888-2-143. — S. 1889-536.
Procédure des demandes de réhabilitation aux colonies.

L. 10 mars 1898.

L. N. 1898-3-49. — D. P. 1898-4-36. — S. 1898-574. — P. F. 1898-3-49. — G. P. 1898-1-2. — V. Commentaire *Lois nouv.* 1898-1-197.
Rendant la réhabilit. applicab. aux condamnés qui ont prescrit contre l'exécution de la peine.

L. 5 août 1899.

L. N. 1899-3-174. — D. P. 1899-4-113. — S. 1900-937. — P. F. 1900-3-33. — G. P. 1899-2-2. — *J. off.* du 7 août 1899. — V. Commentaire *Lois nouv.* 1900-1-89.
Sur le casier judiciaire et la réhabilitation de droit.

L. 11 juillet 1900.

L. N. 1900-3-246. — D. P. 1900-4-60. — S. 1900-1137. — P. F. 1901-3-1. — *J. off.* du 17. — V. Commentaire *Lois nouv.* 1900-1-397.
Modif. la L. 5 août 1899. (Pour l'applicat. de ces lois, v. *suprà*, v° Casier judiciaire).

L. 30 décembre 1903.

L. N. 1904-3-11. — D. P. 1904-4-1. — S. 1904-697. — P. F. 1904-3-49. — G. P. 1904-1-780. — *J. off.* du 31 déc. 1903. — V. Commentaire *Lois nouv.* 1904-1-233.
Rel. à la réhabilitation des faillis (modif. les art. 604-612 C. comm.).

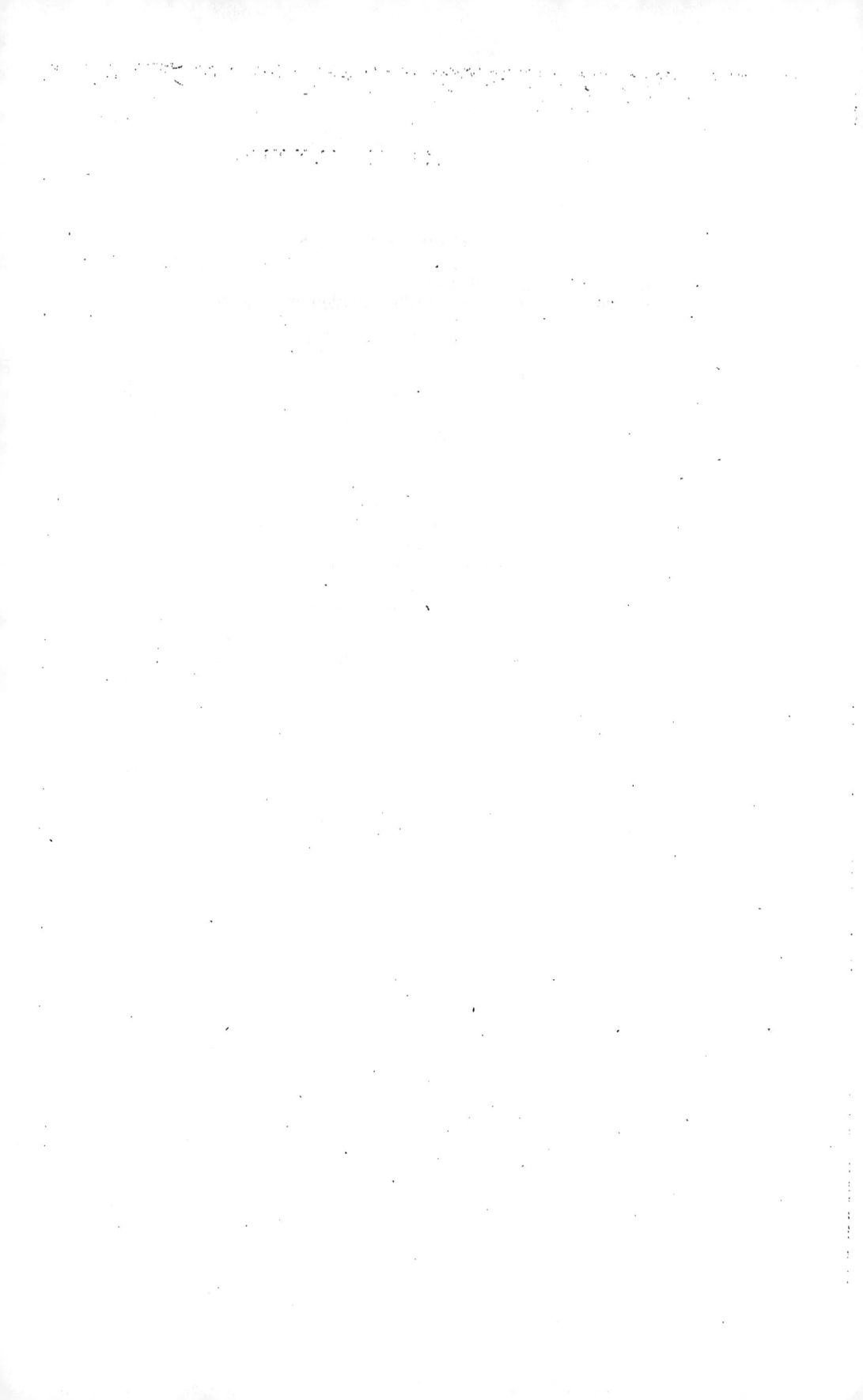

SAPEURS-POMPIERS

L. fin. 13 avril 1898.

L. N. 1898-3-93. — D. P. 1898-4-97. — S. 1898-600. — G. P. 1898-1-14. — J. off. du 14. — V. Commentaire *Lois nouv*. 1898-1-322.

Art. 59 : Crédit ouvert au Ministère de l'Int. sous ce titre : Subvent. aux communes pr. les sapeurs-pompiers et le matériel d'incendie.

D. 12 juillet 1899.

L. N. 1899-3-159. — D. P. 1901-4-90. — S. 1900-958. — J. off. du 13. Règlem. d'admin. publ. pr. l'exécut. de ce texte.

Av. Cons. d'État, 6 février 1900.

S. 1902-451.

Ne sont pas soumises à l'autorité supér., lorsque le chiffre des annuités ne dépasse pas 30 fr., les assurances contractées pr. les sapeurs-pompiers par les communes.

L. 16 février 1900.

L. N. 1900-3-73. — J. off. du 18 février.

Diplômes et médailles d'honneur des sapeurs-pompiers.

L. 7 avril 1902.

L. N. 1902-3-175. — D. P. 1902-4-88. — S. 1903-512. — J. off. du 11.

Dispens. les sapeurs-pompiers des périodes d'exercice milit. auxquels sont soumis les hommes apparten. à l'armée territor.

D. 10 novembre 1903.

L. N. 1903-3-409. — S. 1904-721. — P. F. 1904-3-21. — J. off. du 13 novembre.

Rel. à l'organisation des corps de sapeurs-pompiers.

D. 4 septembre 1901.

L. N. 1901-3-285. — D. P. 1902-4-16. — *J. off*. du 15.
Conditions auxquelles les sels dénaturés destinés à l'industrie pourront être livrés en franchise des taxes de consommation.

L. fin. 30 mars 1902.

L. N. 1902-3-130. — D. P. 1902-4-60. — S. 1902-415. — P. F. 1902-3-70. — V. Commentaire *Lois nouv.*, 1902-1-229.
Art. 37 : Poids des sacs de sel à présenter à la vérificat. des douanes ou contribut. indir.

L. fin. 31 mars 1903.

L. N. 1903-3-111. — D. P. 1903-4-17. — S. 1903-570. — P. F. 1903-3-52. — *J. off*. du 31 mars. — V. Commentaire *Lois nouv*. 1903-1-163 (L. fin.), et 201 (contrib. indir.).
Art. 11 : Les unités de poids fixées par l'art. 37, L. 30 mars 1902. se détermin. en poids net (excepté pr. l'exportation).

D. 30 décembre 1903.

L. N. 1904-3-29. — P. F. 1904-3-28. — *J. off*. du 1ᵉʳ ljanv. 1904.
Portant modificat. au D. 4 sept. 1901 sur les sels destinés à l'industrie.

L. 8 mars 1904.

L. N. 1904-3-62. — *J. off*. du 12 mars 1904.
Rel. aux sels employés à la pêche de la morue aux îles Féroë.

D. 2 mai 1904.

L. N. 1904-3-89. — *J. off*. du 15 mai.
Rel. à l'allocation de sels pr. la préparat. en atelier des lançons ou équilles destinés à servir d'appât de pêche.

D. 26 juin 1903.

L. N. 1903-3-211. — S. 1903-562. — P. F. 1903-3-102. — *J. off.* du 2 juillet 1903.

Détermin. les condit. d'applicat. de l'art. 4, L. 28 janvier 1903, rel. au régime des sucres.

D. 14 août 1903.

L. N. 1903-3-358. — S. 1903-624. — P. F. 1903-3-165. — *J. off.* du 18 août.

Rel. aux cautionnem. déposés en garantie des bons créés par l'art. 8, L. 7 avril 1897, pr. les sucres placés en entrepôt et destinés, antérieurem. au 1er sept. 1903, à l'exportation.

D. 21 août 1903.

L. N. 1903-3-390. — S. 1903-610. — P. F. 1903-3-164. — *J. off.* du 26 août.

Règlem. d'admin. pub. en exécut. de l'art. 7, L. 28 janvier 1903, et rel au sucrage des vendanges.

D. 15 janvier 1904.

L. N. 1904-3-54. — P. F. 1904-3-46. — *J. off.* du 19 janvier.

Modif. div. art. du D. 2 août 1889, rel. à la vérificat. et au poinçonnage des densimètres employés ds. les fabriq. de sucre.

D. 16 juin 1904.

L. N. 1904-3-115. — *J. off.* du 18 juin.

Complét. le D. 18 sept. 1880 sur les sucres.

THÉATRES. — SPECTACLES

D. 17 février 1900.

S. 1904-710.
Portant créat. d'une caisse de pensions viagères et de secours au théâtre national de l'Opéra.

D. 24 décembre 1900.

S. 1904-726.
Qui reconnaît comme établissem. d'utilité publique la caisse des pensions viagères et de secours de l'Opéra-Comique.

A. 2 août 1901.

P. F. 1901-3-135. — *J. off*. du 8.
Du min. instr. pub. — Fonds de la Caisse de secours et pensions viagères de l'Opéra.

D. 12 octobre 1901.

L. N. 1901-3-290. — S. 1902-392. — *J. off*. du 13.
Chargeant l'admin. gén. de la Comédie-Franç. de la réception des pièces.

D. 5 novembre 1901.

L. N. 1901-3-331. — S. 1902-392. — P. F. 1902-3-88. — *J. off*. du 8.
Rel. à la situation des sociétaires de la Comédie-Française.

D. 24 décembre 1901.

L. N. 1902-3-63. — S. 1904-711. — P. F. 1902-3-59. — *J. off*. du 19 janvier 1902.
Caisses de pensions viagères et de sec. de l'Opéra.

D. 3 février 1902.

S. 1904-727. — *J. off*. du 14 février.
Portant approbat. d'une modificat. aux statuts de la caisse de pensions viagères et de secours de l'Opéra-Comique.

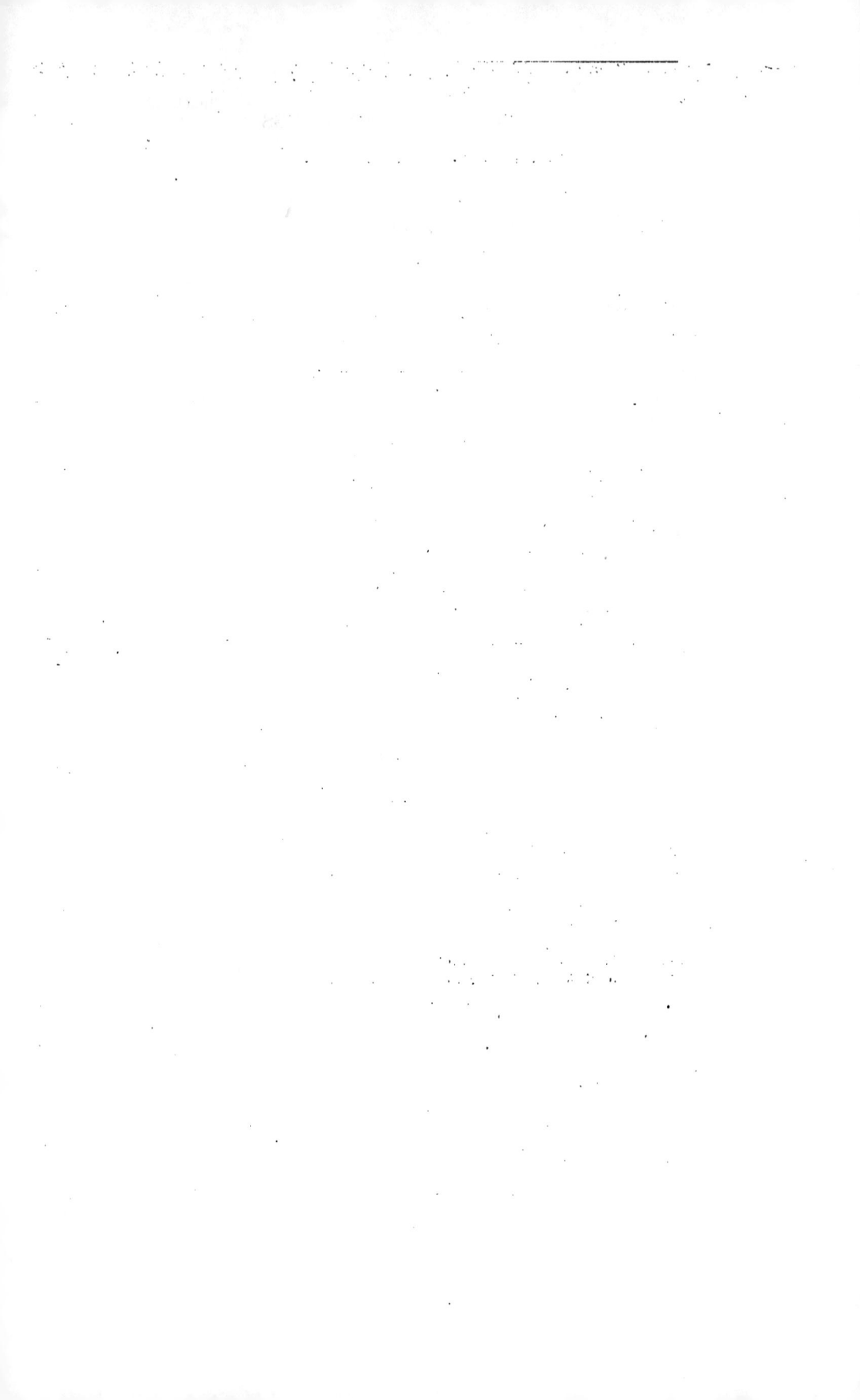

TRAITÉS DE COMMERCE ET DE NAVIGATION 5

L. 18 juillet 1903 (4 textes).

L. N. 1903-3-337. — *J. off.* du 22 juillet.
Portant approbat. : 1° de la Convention commerciale signée, le 29 janvier 1902, entre la France et la Républiq. du Nicaragua ;

2° de la Convention commerc. signée le 11 février 1902, entre la France et la République du Honduras ;

3° de la Convention commerciale rel. à la Jamaïque, signée le 8 août 1902, entre la France et la Grande-Bretagne ;

4° de la Convention commerciale relativ. aux colonies néerlandaises, signée, le 13 août 1902, entre la France et les Pays-Bas.

D. 19 septembre 1903.

L. N. 1903-3-395. —*J. off.* du 22 septembre.
Portant promulgat. de la Convention commerciale rel. à la Jamaïque, signée, le 8 août 1902, entre la France et la Grande-Bretagne.

D. 2 décembre 1903.

L. N. 1903-3-24. — *J. off.* du 8 déc. 1903.
Portant promulgat. de la Convention commerciale signée à Managua, le 27 janvier 1902, entre la France et le Nicaragua.

D. 29 mars 1904.

L. N. 1904-3-75. — *J. off.* du 31 mars.
Portant promulgat. de la convention commerciale rel. aux colonies néerlandaises entre la France et les Pays-Bas.

TRAITÉS INTERNATIONAUX 3

(Questions intéressant le Droit civil et la Procédure).
Pr. l'assist. judic. et la Caution judicat. solvi : V. ces mots.

L. 12 avril 1900.

L. N. 1900-3-142. — D. P. 1901-4-104. — *J. off.* du 14.
Egypte ; banqueroutes et faillites ; dessaisissem. des trib. consulaires français.

L. 8 juillet 1900.
D. 30 juillet 1900.

L. N. 1900-3-262. — D. P. 1900-4-50. — S. 1901-25. — P. F. 1900-3-138. — G. P. 1900-2-1. — *J. off.* du 1er août. — V. Commentaire *Lois nouv.* 1900-1-293.
Promulg. la convent. franco-belge du 8 juill. 1899 sur la compétence judiciaire, l'autorité et l'exécution des décisions, sentences arbitrales et actes authentiq. dans les deux pays.

D. 3 décembre 1900.

L. N. 1901-3-1. — S. 1901-48 et 200. — P. F. 1900-3-32. — *J. off.* du 5.
Portant approbation et public. de la déclaration signée à Paris le 16 novembre 1900, entre la France et la Belgique, concernant la transmission des actes judiciaires et extra-judiciaires en matière civile et commerciale.

C. 27 décembre 1900.

L. N. 1901-3-84.
Sur l'exécution de la convention ci-dessus.

D. 25 octobre 1902.

L. N. 1902-3-377. — G. P. 1902-2-717. — *J. off.* du 28.
Portant approbat. et publicat. de la convention franco-belge signée à Paris le 17 octobre 1902, pr. la transmission des actes judiciaires et extra-judic. en mat. civile et commerc. (abroge et remplace la convention ci-dessus).

LL. 16 avril 1904 (3 textes).

L. N. 1904-3-81 et 82. — *J. off.* du 21 avril.
Portant approbat. des conventions signées à la Haye, le 12 juin 1902, entre l'Allemagne, l'Autriche-Hongrie, la Belgique, l'Espagne, la France, l'Italie, le Luxembourg, les Pays-Bas, le Portugal, la Roumanie, la Suède et la Suisse, pour régler les conflits de lois et de juridictions :
1º En matière de divorce et de séparation de corps ;
2º En matière de mariage ;
3º Relativement à la tutelle des mineurs.

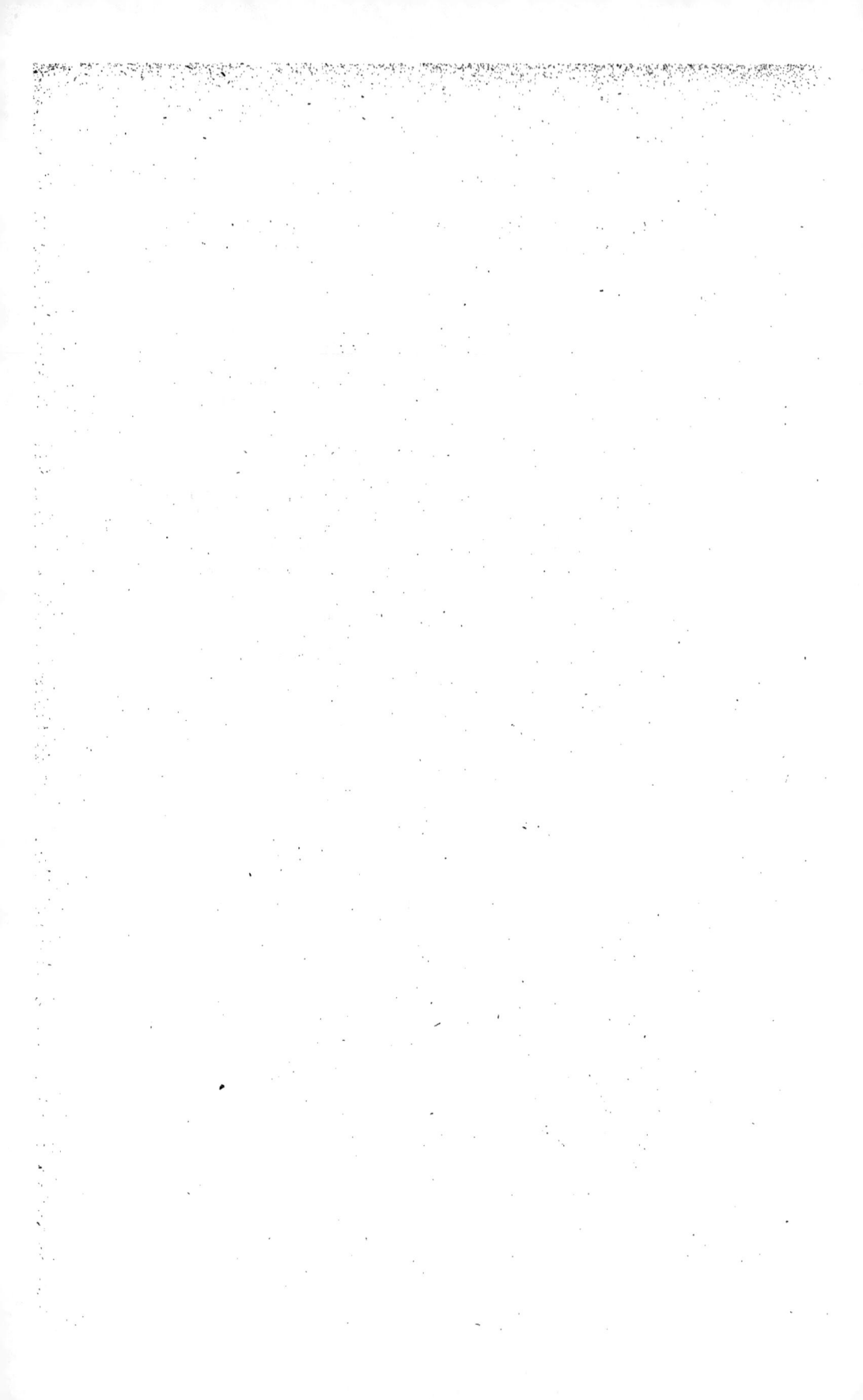

Propriété littér., artist., industrielle. —Marques de fabrique.

———

L. 6 avril 1903.
D. 30 juin 1903.

L. N. 1903-3-156 et 221. — P. F. 1903-3-69 et 104. — *J. off.* des 8 avril et 4 juillet 1903.

Portant approb. et promulgat. de la convention conclue le 11 janvier 1902, entre la France et le Monténégro, pr. la prot. des œuvres littéraires et artistiq.

Notes 2 juin et 13 juillet 1903.

P. F. 1904-3-35. — *J. off.* du 7 février 1904.

Rel. à la convention intervenue, le 19 avril 1883, entre la France et l'Allemagne, pr. la protect. des œuvres littéraires et artistiq.

L. 30 mars 1904.

L. N. 1904-3-76. — *J. off.* du 7 avril.

Portant approb. de la convention signée à Bogota le 4 sept. 1901, entre la France et la Colombie, pr. la protection réciproque de la propriété industrielle.

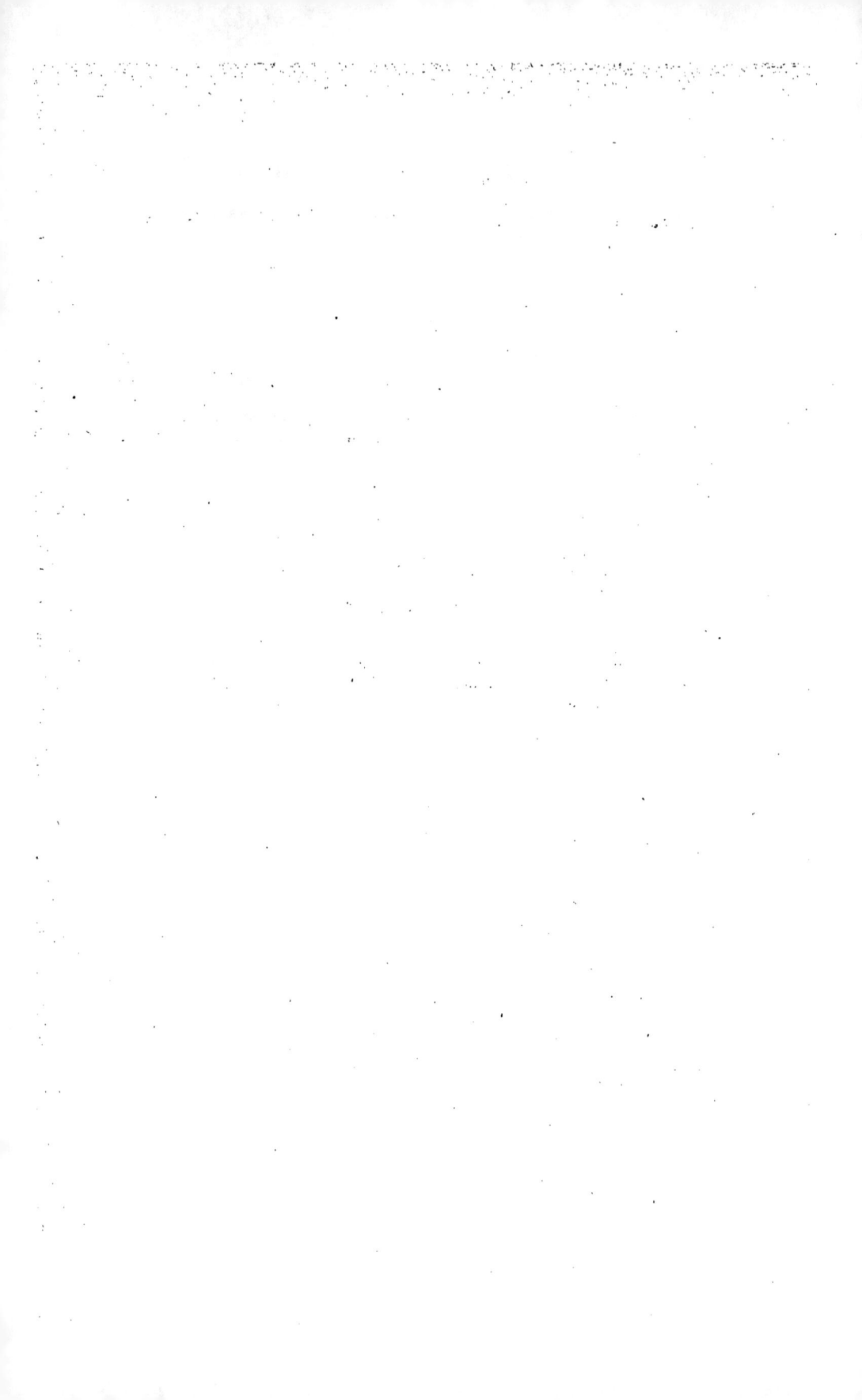

(Traités politiques).

D. 28 novembre 1900.

L. N. 1900-3-312. — D. P. 1901-4-84. — S. 1903-515. — *J. off.* du 1er décembre 1900.

Promulg. les actes internat. signés, le 29 juillet 1899, à la Haye (conférence de la Paix).

D. 17 janvier 1902.

L. N. 1902-3-63. — *J. off.* du 25.

Promulg. une convention rectificative de la frontière franco-belge.

L. 27 juin 1902.
D. 29 août 1902.

L. N. 1902-3-260 et 354. — S. 1904-670. — P. F. 1902-3-183. — *J. off.* du 11 juillet et du 6 septembre 1902.

Approuv. et promulg. la conv. signée le 28 mars 1900, entre la France et l'Espagne, pour régler l'exercice de la juridiction dans l'île de la Conférence.

D. 11 mai 1903.

L. N. 1903-3-183. — *J. off.* du 12 mai.

Portant approbat. et publ. du protocole signé à Washington, le 27 février 1903, entre la France et les Etats-Unis du Venezuela, pour le règlement des réclamations contre le Venezuela.

L. 2 décembre 1903.

L. N. 1904-3-24. — D. P. 1904-4-6. — P. F. 1904-3-32. — *J. off.* du 6 déc. 1903.

Rel. à l'extension des privilèges et immunités diplomatiq. aux membres d'un tribunal d'arbitrage (conflits internationaux).

D. 7 mars 1904.

L. N. 1904-3-61. — *J. off.* du 10 mars 1804.

Portant promulgat. de la convention d'arbitrage signée à Londres le 14 octobre 1903, entre la France et la Grande-Bretagne.

D. 26 mars 1904.

L. N. 1904-3-73. — *J. off.* du 30 mars.

Portant promulgation de la convention d'arbitrage signée à Paris, le 25 déc. 1903, entre la France et l'Italie.

TRAITÉS INTERNATIONAUX 5

(Traités politiques)

D. 22 avril 1904.

L. N. 1904-3-84. — *J. off.* du 1ᵉʳ mai 1904.
Portant promulgat. de la convention d'arbitrage signée à Paris, le 26 février 1904, entre la France et l'Espagne.

D. 18 juillet 1902.

L. N. 1902-3-323. — S. 1904-688. — *J. off.* du 19.
Règlem. l'emploi de la céruse dans les trav. de peinture en bâtiments.

D. 6 août 1902.

L. N. 1902-3-334. — S. 1903-527. — P. F. 1903-4-16. — *J. off.* du 12 août.
Modif. l'art. 4. D. 10 mars 1894 (hygiène et salubrité ds. les établissem. industr.).

C. 21 septembre 1902.

L. N. 1902-3-338. — P. F. 1903-3-77. — *J. off.* du 29.
Du min. comm., sur l'applicat. du D. 28 mars 1902.

D. 21 novembre 1902.

L. N. 1903-3-1. — *J. off.* du 27.
Interdisant l'opérat. dite *pompage* ds. l'industrie de la poterie d'étain.

D. 7 janvier 1903.

L. N. 1903-3-37. — P. F. 1903-3-86. — *J. off.* du 14 janvier.
Portant modificat. au D. 13 juin 1894 sur le service de l'inspection du travail.

D. 14 mars 1903.

L. N. 1903-3-138. — *J. off.* du 26 mars.
Portant réorganisation du Conseil supérieur du travail.

L. 11 juillet 1903.

L. N. 1903-3-337-338. — D. P. 1903-4-69. — S. 1904-681. — P. F. 1903-3-142. — G. P. 1903-2-1. — *J. off.* du 22 juillet.
Portant modificat. de la L. 12 juin 1893, sur l'hygiène et la sécurité des travailleurs ds. les établissem. industriels.
Nota. — V. *Lois nouv.*1904-1-48, Commentaire général, au courant de la jurisprudence, des lois sur la protection du travail industriel des 2 nov. 1892, 12 juin 1893, 30 mars 1900, 29 déc. 1900 et 11 juillet 1903.

D. 14 août 1903.

L. N. 1903-3-393. — *J. off.* du 16 septembre 1903.
Modif. des rubriques ds. la nomenclature des industries admises à bénéficier des tolérances prévues par la L. 2 nov. 1892, sur le trav. des enfants, des filles mineures et des femmes dans les établissem. industriels.

TRAVAIL 9

D. 27 janvier 1904.

P. F. 1904-3-34. — *J. off.* du 30 janvier.
Portant modificat. à la constitut. du Conseil supérieur du Travail.

L. 14 mars 1904.

L. N. 1904-3-62. — D. P. 1904-4-19. — P. F. 1904-3-57. — G. P. 1904-1-781. — *J. off.* du 17 mars. — V. Commentaire *Lois nouv.* 1904-1-325.

Rel. au placement des employés et ouvriers des deux sexes et de toutes professions.

D. 27 mars 1904.

L. N. 1904-3-74. — *J. off.* du 31 mars.

Fix. la nomenclature des établissem. de l'Etat où la sanction de la loi concernant l'hygiène et la sécurité des travailleurs est exclusivem. confiée aux agents désignés par les ministres de la guerre et de la marine.

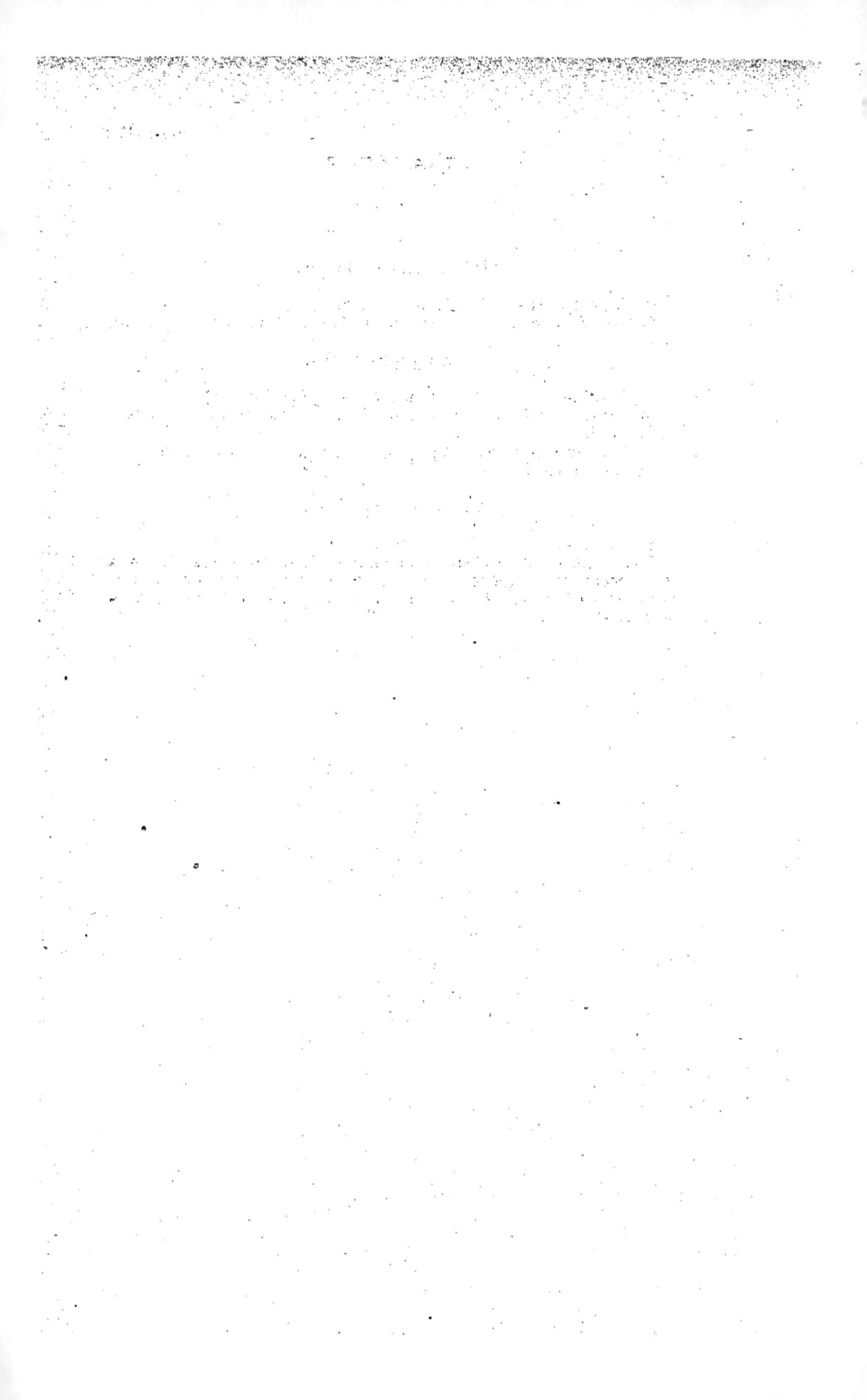

D. 5 août 1901.

L. N. 1901-3-210. — D. P. 1901-3-137. — P. F. 1901-3-137. — G. P. 1901-2-746. — *J. off*. du 9 août 1901.

Règlem. d'admin. publ. pour l'application en Tunisie des LL. 5 août 1899 et 11 juillet 1900 (casier judic. et réhabilitation de droit).

C. 23 août 1901.

L. N. 1902-3-181.

Du garde des sceaux ; exécution en Algérie et en Tunisie des décisions et mandats émanés des juridictions répressives françaises.

D. 1er février 1902.

S. 1904-710. — *J. off*. de 7 février.

Portant créat. d'emplois de suppléants rétribués et de commis-gref fiers à la justice de paix de Bizerte.

C. 29 mai 1902.

P. F. 1902-3-174. — *J. off*. du 4 juin.

Rel. à l'organisat. de la Trésorerie ds. la régence de Tunis.

D. 5 mai 1903.

P. F. 1903-3-88. — *J. off*. du 10 mai.

Réorganis. le Cons. de guerre de la division d'occupat. de Tunisie.

L. 18 juillet 1903.

L. N. 1903-3-334. — D. P. 1903-4-73. — *J. off*. du 21 juillet.

Créant un corps de marins indigènes ou *Baharia* en Algérie et en Tunisie.

D. 15 août 1903.

L. N. 1903-3-336. — *J. off*. (tunisien) du 18 août.

Interdisant aux membres des congrégat. non autorisées en France de diriger un établissem. d'enseignem. en Tunisie ou d'y donner l'enseignement.

D. 2 mai 1904.

L. N. 1904-3-89. — G. P. 1904-1-783. — *J. off*. du 17 mai.

Modif. les DD. 18 juin 1884 et 3 mai 1888 sur l'organisat. de l'assist. judic. en Tunisie.

TUNISIE 4

D. 7 mai 1904.

L. N. 1904-3-88. — *J. off.* du 11 mai.
Autoris. la Banque de l'Algérie à créer des établissem. et à émettre des billets payables au porteur et à vue ds. la régence de Tunis.

D. 7 mai 1904.

L. N. 1904-3-92. — *J. off.* du 14 mai.
Approuv. la convention du 14 déc. 1903 entre le directeur des finances du protectorat franç. de Tunis et le directeur de la Banque d'Algérie.

Liste des fiches comprises dans le service de juillet 1904.

LES LOIS NOUVELLES

REVUE DE LÉGISLATION ET DE JURISPRUDENCE

ÉMILE SCHAFFHAUSER
AVOCAT, DOCTEUR EN DROIT, RÉDACTEUR EN CHEF

Abonnement annuel : PARIS et DÉPARTEMNTS, 15 fr. — ÉTRANGER, 18 fr.

Tout souscripteur à la **Table perpétuelle** a le plus grand intérêt à souscrire également un abonnement aux **Lois Nouvelles**. En effet, ce recueil publie les commentaires et le texte des lois et décrets dès leur promulgation. ce que *sa périodicité très rapprochée lui permet de faire aisément*, à la différence des autres recueils, dans lesquels les textes apparaissent tardivement. D'autre part, il suffit de se reporter à la *Table perpétuelle* pour se rendre compte que *tous les textes sont publiés dans les « Lois nouvelles »*, tandis qu'ils sont l'objet d'une sélection dans les autres recueils. Enfin, la « Table perpétuelle » *renvoie à tous les commentaires des lois* publiés dans la revue des *Lois Nouvelles*.

Les **LOIS NOUVELLES** sont absolument indispensables à toute personne qui désire être tenue au courant de l'évolution législative.

La collection des *Lois Nouvelles* comprenant les années 1896-1903 au prix de **80 francs**, avec la table générale de l'origine à 1900.
Le paiement a lieu au gré du souscripteur. Il est fait un escompte de 10 0/0 au cas de paiement comptant.
L'envoi a lieu franco, expédition et recouvrement.

Le Gérant : COLIN.

Cabinet RACINET

CRÉÉ EN 1863

Par M. GANTHIER

Fondateur de l'École de Notariat de Paris

DOURIEZ, Docteur en droit

Successeur

PARIS — 5, Rue Laffitte, 5 — Téléphone 314-20

TRANSMISSION

D'OFFICES MINISTÉRIELS

Charges de Mandataires aux Halles et Cabinets d'affaires

Relations sûres. -- Prompte solution

CONCOURS GRATUIT AUX CÉDANTS

Mayenne, Imprimerie Ch. COLIN.

www.ingramcontent.com/pod-product-compliance
Lightning Source LLC
Chambersburg PA
CBHW071446200326
41519CB00019B/5634